인정
조직

인정하고 인정되는 조직경영 조직민주주의

인정 조직

승근배 지음

인간과복지

차 례

열며

그대, 인정하고 인정되는가

I. 일의 인정

일을 하는 동기에는 여러 가지 이유가 있습니다. 그중 가장 중요한 부문은 인정입니다. 저는 인정되고 싶습니다. 조직의 대표로서 제가 인정된다는 것은 제가 인정되는 것이 아니라, 조직이 사회로부터 인정되는 것입니다. 그 조직이 인정될 때 함께 하는 구성원도 사회로부터 인정됩니다. 저희의 조직이 사회에서 인정된 성공 경험이 있습니다. 한국인적개발우수기관인증, 서비스품질우수기관인증, 작업장혁신우수기업인증 세 개의 정부 인증을 취득했습니다. 비영리조직에서 이 세 개의 정부 인증을 받은 곳은 저희가 유일합니다. 이 인증을 받기 위해 조직을 공부하다 보니 또 많은 것을 배우게 되었습니다. 인정되기 위하여 노력하다 보니 자연스럽게 조직도 성장하고 저도 성장한 것입니다. 인정은 사람과 조직에게 성장을 선물합니다.

저는 사회로부터 받은 이 인증서가 저의 인정욕구를 다 채워줄 것이라 생각했습니다. 그런데 그것이 아니었습니다. 조직은 인증으로 인정되었습니다. 저도 물론 사회로부터 인정되었습니다. '그럼 구성원도 인정되었을까요?' 그들은 인증을 받기 위하여 사용되었을 뿐 목적이 아닌 수단이었습니다. 구성원은 저의 계획 아래 움직였습니다. 결과에 있어서 조직은 기대한 바를 획득하였지만, 과연 구성원은 무엇을 얻었는지에 대해 알 수가 없습니다. 조직이 사회에서 인정이 된다고 해서 구성원도 인정되는 것이 아닙니다. 구성원을 먼저 인정하고 조직이 인정될 때 구성원의 인정됨이 조직에서 시작됩니다. 구성원은 인격적인 존재들입니다. 그들은 조직에서도 인격적인 주체로 인정되기를 원합니다. 조직에서 인정되려면 일을 잘해야 합니다. 일을 잘하려면 일을 하는 이유가 이해되어야 합니다. 그리고 동의하고 참여합니다. 만약 시키는 대로만 일하게 되면 일의 결과가 좋아도 자신의 지분持分이 없습니다. 자신이 인정되는 것이 아니라 일의 결과만 인정됩니다. 일의 결과에 종속되니 사람은 일의 목적이 아니라 수단이 되어 버립니다. 목적과 수단이 뒤바뀌게 되면 본질보다 현상이 우선시됩니다. 조직은 목적과 수단이 상호작용하는 곳이며 구성원은 상호수용되는 목적이어야 합니다. 조직은 그들을 목적으로 인정하기에 먼저 의견을 묻고 참여의 기회를 보장함으로써 주체로서의 존재로 인정합니다. 구성원은 질문으로 촉진되고 행동함으로써 서로의 존재를 인정하고 인정됩니다.

누구나 성장하기를 원합니다. 구성원이라면 누구나 자신의 조직이 잘 되기를 원합니다. 그러려면 먼저 인정하고 인정되어야 합니다. 양자가 이러하다면 조직이 먼저 구성원을 인정하는 것이 맞습니다. 실제로도 조직이 구성원을 인정해야 일을 시작할 수 있습니다. 바로 채용입니다. 우리는 '합격'이라고 흔히 말하지만, 합격은 조직으로부터 '인정됨'의 다른 말입니다. 인정된 구성원은 서로가 서로를 인정합니다. 이렇게 인정되는 구성원으로 존재하여 촉진될 때, 조직이 비로소 사회로부터 인정됩니다. 경험을 복기復棋하여 보면 조직에서의 구성원은 인정받기 위한 노력을 합니다. 인정을 받아야 육성도 되고 승진도 합니다. 인정된 만큼 권한과 책임도 주어집니다. 이직하기도 쉽습니다. 일하는 직장에서 자기 마음을 먹은 대로 되니 즐겁습니다. 인정받지 못하면 싫은 일을 해야 하고 주어진 대로 살아야 합니다. 언제 어떻게 될지 모르니 조직은 두려운 곳이 됩니다. 그 현상을 보면서 정말 궁금했던 것은 '어떤 사람이 인정되고 어떤 사람이 불인정되는가?'입니다. 다른 사람에게서 이 답을 찾을 필요도 없습니다. 저에게 질문을 해봅니다. 나는 '언제, 왜, 누구에게 인정되는가?' '나는 왜, 그를, 무슨 이유로 인정하는가?' 조직과 저에게서 일어나는 인정의 현상과 그 본질이 참 궁금합니다. 조직에서의 인정의 방법은 다양합니다. 채용에서부터 육성과 평가 그리고 퇴사까지 모든 조직의 행위는 인정함과 인정됨으로 관계합니다. 이 맥락을 이해한다면 좀 더 건강한 조직, 사회로부터 인정되는 조직이 될 수 있습니다. 서로의 인정됨이 이해된다면 '일의 의미와 자기실현'을 설명할 수 있습니다. 사람이 조직에서 일을 하는 이유입니다. 이 책을 쓴 이유이기도 합니다.

'인정조직'을 다루기 전에 현상과 본질을 조금 더 설명하겠습니다. 현상과 본질은 이 책에서 꾸준하게 제기될 것입니다. 인정함과 인정됨은 동시에 일어납니다. 동시성同時性에 동의하기 위해서는 인정되는 현상이 이해되어야 합니다. 그리고 드러나는 현상의 본질도 탐색되어야 합니다. 어느 것이 현상이고 본질인지가 정리되지 않으면 무엇을 인정해야 하고 무엇이 인정되어야 하는지 다르게 이해될 수 있습니다. 인정과 관련하여 현상과 본질의 예를 들어 보겠습니다. 저는 이 책이 많이 팔렸으면 합니다. 책이 많이 팔리는 것은 '현상'입니다. 그런데 어느 부자께서 제 책을 몽땅 다 사버렸다고 가정하여 봅시다. 고마운 일입니다. 다 팔렸으니 돈을 벌 것입니다. '이것을 인정되었다고 볼 수 있을까요? 한 사람의 부자가 제 책의 가치를 전량 구매한 것을 인정되었다고 볼 수 있을까요?' 책이 많이 팔리는 현상의 본질은 개별적인 독자들이 구매하여 읽어주고 공감을 해 주는 것입니다. 이것이 책이 많이 팔렸으면 하는 본질이자 진정한 인정함과 인정됨입니다. 여기 부러울 것이 없는 대기업 회장님이 계십니다. 돈이 많을 것이니 굳이 일하지 않아도 될 것입니다. 하지만 부자들은 더 열심히 일하려고 합니다. 돈이 본질이 아니기 때문입니다. 그들에게 있어서의 본질은 일을 통해 인정되는 것이고 부를 쌓는 것은 현상입니다.

이 책의 내용 속에는 인정됨의 근거로 자본의 축적은 다루지 않고 있습니다. 인정됨이란 물질이 아니라 자유로움과 평등함이야말로 인정함과 인정됨의 본질이라는 것을 설명하고자 합니다. 나를 인식하고, 타자를 인식하고. 서로를 인식하여 나의 인정됨과 타자를 인정함을 말할 것입니다. 서로를 인식하고 인정하는 방법으로 '가치와 행동', '욕구와 질문', 그리고 '평가와 보상'이라는 세 가지의 범주를 들어 설명할 것입니다. 우리는 일을 통해 관계를 맺음으로써 구성원으로부터 인정함과 인정됨을 얻을 수 있는 기회가 주어집니다. 그 인정을 통해 사회로부터 인정됩니다. 그것이 전환적 가치를 사회에 반영하는 건강한 조직이자, 자유롭고 평등한 인정 조직의 본질입니다.

Ⅱ. 좋은 삶

인정recognition 認定은 자신이 어떤 존재인지를 알게 해 줍니다. 사람은 각자 자신의 삶에 결정적인 영향을 받은 인정의 경험이 있습니다. 반대로 불인정의 경험도 있습니다. 인정과 불인정으로 자신이 어떤 존재인지를 인식하게 됩니다. 저는 리더로서 인정되고 싶습니다. 그리고 제가 일하는 조직도 인정되고 싶습니다. 자녀들과 아내에게도 인정되고 싶습니다. 누구에게도 불인정되고 싶지 않습니다. 저와 함께 일하는 동료들을 인정하고 싶습니다. 누구를 불인정한다면 제 맘도 편하지 않을 것입니다. 우리는 모두 인정하고 인정되는 존재들입니다. 우리가 인정과 불인정을 좀 더 잘 해석할 수 있다면 나와 당신을 더 사랑할 수 있습니다. 우리의 삶이 지금보다 더 나아질 것입니다.

인정하고 인정되는 경험들이 가장 많은 곳은 조직입니다. 우리가 조직에서의 인정을 이해할 수 있다면 갈등을 잘 다루고 좀 더 나은 조직을 만들 수 있습니다. 그런데 조직경영이나 조직개발에 관련된 단어 중에 인정을 사용하는 경우가 드뭅니다. 그래서 접근하기가 쉽지 않습니다. 인정에 관한 담론을 접할 기회가 있다면 수필이나 시, 소설에서나 일 듯합니다. 조직에 대해 고민이 많으신 분이라면 인정에 대한 이해와 인정하고 인정되는 방법들이 궁금할 것입니다. 이 책은 자아가 인정되는 것, 조직이 인정되는 것, 그리고 리더를 포함한 조직의 구성원이 인정하고 인정되는 것에 대한 이야기입니다. 사변적思辨的일 수도 있고 경험적일 수도 있습니다. 인정철학에 제가 고민한 가정假定을 담았습니다. 그리고 기존의 경영학에 인정철학을 착안한 내용도 담았습니다.

당장 효과를 얻기 위한 몇 가지 기술을 제시하는 경영서적은 많습니다. 반면 한 번쯤은 우리가 일하는 일터, 함께 일하는 동료, 그리고 조직 행위에 관해 사유思惟하는 책은 많지 않습니다. 이 책은 기술서가 아닙니다. 기술적인 내용보다는 인정함과 인정됨의 원리, 인정의 철학을 말하고자 합니다. 주로 참고한 문헌은 헤겔의 『정신현상학 1, 2』(임석진 역, 한길사, 2005), 악셀 호네트의 『인정투쟁』(문성훈·이현재 역, 사월의 책, 2011), 『사회주의 재발명』(문성훈 역, 사월의 책, 2016), 『분배냐 인정이냐』(악셀 호네트 · 낸시 프레이저 공저, 문성훈 역, 사월의 책, 2014)입니다. 그리고 자기의식을 설명하는 자아의 'I'와 'ME'는 도나 힉스의 『관계를 치유하는 힘, 존엄』(박현주 역, 검둥소, 2021), 가치의 역설은 로버트 퀸의 『조직관리의 새로운 지평』(이동수역, 계명대학교 출판부, 2017)에서 착안했습니다. 마지막으로 저의 책 『당신의 조직은 정의로운가_조직민주주의』(파지트, 2022)와 『조직민주주의_복지현장 조직혁신』(인간과복지, 2022)을 참고했음을 밝힙니다.

철학은 사람의 좋은 삶eudaimonia을 위하여 개인과 사회에 선한 방향들을 제시하여 줍니다. 그러나 조직과 관련된 철학의 이야기는 많지 않습니다. 이 책으로 조금이라도 조직, 동료, 나, 그리고 일에 대해 돌아보고 성찰하기를 바라는 마음입니다. 조직을 소유所有가 아닌 사유思惟의 장場으로 바라보는 분을 위해 이 책을 썼습니다. 모쪼록 이 책으로 자아와 타자他者를 인정함으로써 서로를 인정하고 인정되는 조직이 되기를 희망합니다. 진정으로 바라는 바는 우리가 조직에서 하는 일들이 고행苦行이 아닌 거룩함이고 그 거룩함이 있는 곳이 조직이라는 사실이 인정되기를 바랍니다.

1부

인정함과 인정됨

recognition

Organization

democracy

의식과 인식, 그리고 인정

인권으로 인정recognition 認定의 이야기를 시작해 봅니다. 인권은 사람에게 주어진 당연한 '권리'입니다. 이 명제에 동의하니 궁금해지는 것이 하나 있습니다. '무인도에 혼자 있는 사람에게 인권이 있을까요?' 인권은 대상이라는 타자他者가 있어야 성립됩니다. 인권은 대상과 대상 사이에서의 권리와 권리의 영역입니다. 누군가가 있어야 그 권리를 보장해 줄 수 있고 요구할 수 있습니다. 그러므로 인권은 법과 제도의 영역입니다. 법과 제도는 혼자 있을 때는 성립될 수 없습니다. 물론 천부天賦(관념)적 인권은 사람의 존재 자체만으로도 인정되어야 합니다. 그러나 보호, 보장, 증진이라는 실질實質(경험)적 인권은 대상과 대상이 만나 법과 제도에 의해 인정됩니다. 이런 이유로 무인도에 혼자 있는 사람에게는 실질적 인권이 없습니다.

제시한 인권의 이슈를 예로 접근하여 봅시다. 영화 캐스트 어웨이cast away, 2001에서 무인도에 홀로 남겨진 톰 행크스에게 인권이 있을까요? 로빈슨 크루소에게 인권이 있을까요? 두 가지 답변이 있을 수 있습니다. 그들의 생존을 누군가가 믿고 있다면 인권이 있습니다. 하지만 모든 타자가 그들이 죽었다고 믿는다면 인권은 없을 것입니다. 죽은 자에게는 인권이 없습니다. 또한 그들 스스로가 자신이 생존해 있음을 다른 모든 타자 아무도 모를 것이라 포기한다면 인권은 없습니다. 인권은 자신의 '존재'를 '인정'하는 누군가가 있어야 하며, 자신의 존재가 누군가로부터 인정된다고 믿을 때 성립됩니다.

'존엄'으로 접근해 봅시다. 사람에게 인권이 인정되는 이유는 존엄하기 때문입니다. 존엄이란 모든 인격적 존재에게 주어진 본질적 가치입니다. 즉 사람이라면 모두 존엄한 것입니다. 무인도에 홀로 남겨진 누구이든지, 톰 행크스이든지, 로빈슨 크루소이든지 그들은 존재하는 자체로 존엄합니다. 존엄은 누군가가 인정해 주는 것이 아닙니다. 누군가가 기억하든, 죽었다고 생각하든, 타인이 어떻게 간주하든지 간에 사람은 그 존재 자체로 가치가 있기에 존엄합니다. 사람에게 인권이 인정되는 이유는 존재하는 자체로 존엄하기 때문입니다. 즉 인권의 본질(관념)은 바로 존엄에 있습니다. 하지만 존엄보다는 인권이 부각되는 것이 사실입니다. 왜 그럴까요? 인권은 분류할 수 있습니다. 인권에 여러 이름을 붙여 줄 수 있습니다. 이동권, 선택권, 문화권, 경제권 등등 인권이 가지고 있는 수많은 이름입니다. 분류할 수 있으니 의식의 이해가 쉽습니다. 하지만 존엄은 그렇지 않습니다. 사람은 그 자체로 존엄하기에 분류할 수 없습니다.

언어로 사물을 인식cognition 認識하는 사람은 인권이라는 단어를 해체deconstruction 解體함으로써 의식awareness 意識의 영역 안에서 인식합니다. 하지만 존엄은 해체할 수 없으니 의식의 영역으로 가지고 들어오기 쉽지 않습니다. 그런 이유로 인식이 쉽지 않습니다. 존엄보다 인권이 부각되는 이유입니다. 보고 만질 수 없는 존엄은 매우 관념idea 觀念적이지만 현실에서 부딪히는 인권은 매우 경험적입니다. 네 그렇습니다. 인권은 권리의 문제임으로 매우 경험적이고 실질적입니다. 그러나 '존엄은 인권의 본질'이므로 관념에 가까우며 현실과는 간극이 있습니다. 사람의 의식은 대상을 인식할 때 오감五感에 의해 무엇인가 손에 만져지고 눈에 보이는 것을 선호합니다. 그 오감의 영역 중 하나가 언어의 영역이며 사람은 오감에 의해 감각된 대상을 경험하므로 인식합니다. 반면 경험되지 못하는 대상은 인식되지 못한 채 대상으로 남습니다. 인권은 대상과 대상(개인과 타자)이 만나 사회의 법과 제도로 실현되는 현상입니다. 반면, 존엄은 사람 그대로의 본질입니다. 인권의 본질이 존엄임에도 불구하고 본질인 존엄이 이해되지 못하니 인권이 실현되기가 쉽지 않습니다.

오늘날 사회와 조직 내에서의 인권교육, 인권 이슈의 맹점이 여기에 있습니다. 존엄이라는 본질을 이해하기보다는 인권이라는 실질에서의 권리에 대한 다툼만을 다루고 있습니다. 다툼의 해결에 있어 존엄이라는 본질이 이야기되어야 실질의 인권을 논할 수 있습니다. 실질의 다툼을 해결하기 위하여 법과 매뉴얼로만 인권을 설명하는 접근은 또 다른 다툼을 만듭니다. 인권은 대상과 대상 즉, 개인과 타자가 있어야 성립됩니다. 하지만 존엄은 '자연권'입니다. 타자가 없어도 그 스스로 존엄합니다. 그렇다면 이런 질문을 드려 보겠습니다. 사람이 가진 권리는 자연적인 것일까요? 대개 경우 사람은 자연적으로 '권리'가 있다고 해석합니다. 하지만 저의 주장을 보시면 권리는 자연적인 것이 아닌 사회적인 것에 가깝습니다. 즉 사회로부터 인정되어야 성립되는 인권은 자연적이기보다는 사회적입니다. 완전히 자연적인 것에는 존엄이 있을 뿐입니다.

좀 더 설명하여 보겠습니다. 인권은 누군가가 자신의 존재에 대한 권리를 인정해 주어야 합니다. 또한 자신도 타인의 권리를 인정해 주어야 합니다. 그런데 사회 속에서의 권리는 무한하지 않습니다. 때문에, 서로의 권리를 위하여 사람 간의 양보와 배려, 희생 등을 요구하게 됩니다. 여기가 갈등의 지점입니다. 서로의 권리가 충돌하기에 인권 이슈이며 권리의 갈등을 보완하기 위한 장치가 바로 '의무'입니다. 여기까지 설명을 보더라도 인권은 결코 자연적인 영역의 것이 아닙니다. 누군가가 존재해야 합니다. 하지만 사람들의 인식 속에는 인권은 자연적인 것이라 학습되어 왔습니다. 그렇게 배워왔습니다. 이런 이유로 '개인주의적 자유주의'가 힘을 얻게 됩니다. 타자의 존재 여부가 아닌 자신 스스로 존재함만으로도 권리가 인정되기 때문에 사회보다 개인의 이익을 위한 자유주의가 추동推動됩니다. 특히 자본주의 사회에서의 '소유권, 재산권'이 그러합니다. 물론 '천부적 인권'을 부정할 수 없습니다. 하지만 자연적 상태에서의 사람은 존엄하지만 누군가가 존재하여야 인권이 인정될 수 있는 것은 자명합니다. 즉, 권리는 '공동체'와 '당신'이라는 대상이 있어야 가능합니다. 그것이 '사회권'입니다.

설명이 쉽지 않습니다. 자연권과 사회권, 그리고 존엄과 인권을 설명하는데 무언가가 부족해 보입니다. 양자兩者를 보완해 주어야 하는데 그 간극이 느껴집니다. 자연과 사회의 간격이 너무나 큽니다. 그 간극만큼이나 존엄과 인권이 거리를 두게 합니다. 이 문제의 해결은 자연권과 사회권 사이에 무엇인가를 규명하면서 찾을 수 있습니다. '자연적 상태'의 '존엄'이 아무런 중간 과정도 없이 '사회권'에서의 '인권'으로 나아가게 될까요?' 아닙니다. 관념의 존엄과 실질의 인권 사이에 무언가의 중간지점이 설명되어야 합니다. 그것이 바로 '관계'입니다. 자연상태에서의 존엄한 사람은 사회권에서 인권을 무조건적으로 획득하는 것이 아닙니다. 그 전에 누군가의 대상과 관계를 맺어야 합니다. 그리고 그 관계의 정도에 의해 스스로가 존엄하다는 것을 인식합니다. 타자 역시도 관계에 의해 자신이 존엄하다는 것을 인식합니다. 사람은 '대상과 대상' 사이의 '관계와 관계' 속에서 '의식과 의식'을 통해 서로의 존엄함을 '인식'합니다. 이렇게 서로가 존엄하다는 것을 인식하기에 사회에서 인권을 말할 수 있게 됩니다. 누군가와의 대상과 관계가 없는 상태에서는 서로의 존엄을 인식할 수 없습니다. 존엄을 인식하지 못하면 인권도 인정될 수 없습니다. 인정되지 못하면 아름다운 인권이 갈등이 됩니다. 정리하면 다음의 그림과 같습니다.

관계에 의한 존엄과 인권

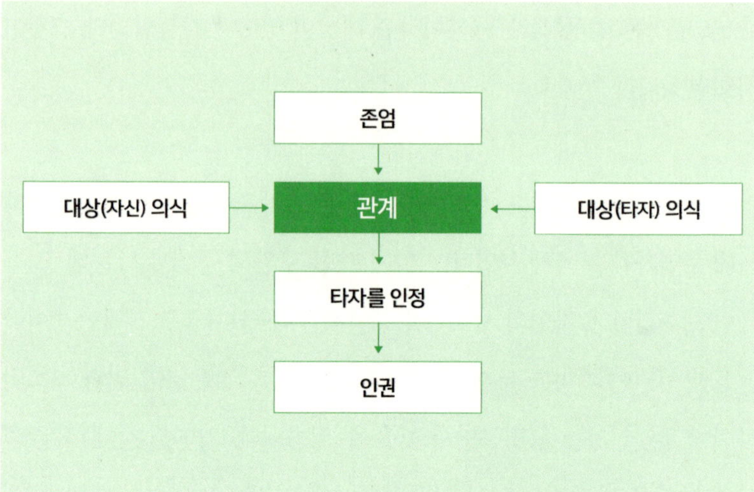

그런데 사람들은 이렇게 "관계의 의식, 존엄의 인식, 타자의 인정, 인권의 순서"로 인권을 이해하지 않습니다. 그 반대의 순서로 이해합니다. 사람들은 관념보다는 경험의 실질로 세계를 이해하려는 경향이 짙습니다. 그것이 사고思考하기 편하기 때문입니다. 관념의 존엄함을 먼저 인식하고 인권을 경험한 것이 아니라 실질에서 인권을 경험하면서 존엄함을 인식하게 되었습니다. 사회적 갈등이 있으니 권리와 의무가 논의될 수밖에 없었고, 왜 우리가 인권을 논해야 하는 것인가에 대한 당위성을 찾게 됩니다. 그 과정에서 사람이 존엄하다는 것을 발견합니다. 존엄의 발견은 역순이자 역설이었습니다. 이러한 발견의 과정에서 중요한 역할을 하는 것이 '관계'입니다. 관계가 존엄과 인권을 연결하는 가교가 되지 않고서는 자연과 사회의 간격만큼이나 그 간극이 너무 큽니다. 대상과 대상인 자신과 타자는 스스로 존엄합니다. 자기와 대상에 대한 '관계'에 의해 서로가 존엄함을 인식합니다. 서로가 존엄하기에 서로의 인권이 인정됩니다. 그제야 비로소 인권을 말할 수 있게 됩니다.

관계와 자기제한

"사람은 독립된 개인으로 존재할 수 없고 관계를 통해서만 가능하다." 사회자유주의자 토마스 힐 그린Thomas Hill Green은 사람을 '관계적 존재'라고 정의합니다. 그린은 관계를 존재의 중심으로 둡니다. 서로가 서로의 관계에 의해 존재를 인정하여 주니 '공동 존재'인 것이며 그렇기에 '공동선'을 지향할 수 있는 조건이 충족됩니다. 관계로 인해 자연상태에서 사회로 진보합니다. 사람은 자연적 존재입니다. 자연에서의 사람은 자기보존과 소유한 재산을 지키는 것이 불안합니다. 때문에, 자연적 존재인 사람의 생명과 재산을 지켜주는 '국가'를 사회계약으로 인정합니다. 과거에는 '자연-사람-국가'로 세계를 이해했습니다. 여기에 사람의 관계에 의한 사회적 존재성을 발견하게 되면서 사람과 국가 사이에서, 공동체주의를 주장할 수 있게 됩니다. 이러한 그린의 주장은 페이비언 사회주의의 정신적 기반이 되고 복지국가의 태동에 있어서 매우 중요한 역할을 하게 됩니다.

관계가 있기에 존엄을 인식할 수 있고 관계가 있기에 인권이 성립됩니다. 이 관계에 의해 서로의 존재를 인식하여 인정하고 인정됩니다. '인정'이라는 관계 속에서 서로의 존엄을 상호인정합니다. 상대의 존엄을 인정하지 않는다면 나의 존엄도 인정받을 수 없습니다. 내가 자신의 존엄을 인정하는 것만큼 타자가 자신의 존엄을 인정하여 줄 때 사람은 자신의 존엄함을 인식하게 되고 자신이 인정됩니다. 때문에, 타자의 존재와 타자와의 관계가 중요해집니다. 중요해진 만큼 타자를 존엄하게 대하게 될 것이며 그에 걸맞는 행동을 하게 될 것입니다. 이전과는 다르게 타자를 좀 더 귀하게 대할 것입니다. 그렇게 타자를 위하는 행동을 할 것이니 자기를 제한하는 것이 필요해집니다. 이것을 '자기절제'라고 합니다. 인정을 통해 자기의식이 일어난 자아는 자기를 제한하는 것이 가능하게 됩니다. 자기보존自己保存을 위한 자기애自己愛로부터 벗어나 진정한 '자유'를 얻게 됩니다. 절제, 인정, 자유에 의해 '공동체의 공동선'을 향합니다. 헤겔은 관계의 중요성과 함께 '진정한 자유란 자기를 절제하는 것'이라 했습니다. 인정에 의해 자기절제가 가능해진 사람은 자유를 획득하고 타자의 자유를 인정합니다. 자유라는 권리가 인정되니 이제 서로의 인권을 말할 수 있게 됩니다. 타자의 권리를 인정함으로 타자를 위한 의무의 발생도 인정됩니다.

인권은 '사회의 법과 제도'의 영역입니다. 법과 제도는 다툼의 영역이자 갈등의 영역, 분배의 영역이기도 합니다. 이런 인권의 영역에서 서로의 관계에 의한 인정이 없다면 자신을 스스로 절제하지 못할 것입니다. 그러니 관계에 의해 존엄을 인정하지 않는다면 사회는 만인의 전쟁터가 됩니다. 하지만 사람은, 인정하는 타자를 위해 자신을 기꺼이 절제할 수 있기에 그 사회는 공동체가 될 수 있습니다. 자신의 생존만을 위해 힘쓰던 자연적 존재에서 스스로 절제하고 타인을 위한 결정을 할 수 있는 이유는 관계에 의한 '인정'에 있습니다. 이것이 자연인의 '나'라는 존재들이 자기의식, 자기절제, 상호인정 그리고 자유에 의해 얻게 되는 관계에 의한 사회화社會化입니다. 우리는 그동안 존엄과 인권이 밀접하게 관계하고 있다는 사실을 모르고 왔습니다. 그러하니 인권이 사회에서 갈등의 영역으로 비춰지고, 존엄이란 것이 자연 속의 뜬구름이 되어 버립니다. 이제 '존엄-관계-인식-인성-절제-자유-인권'이라는 이 맥락을 이해합시다. 이렇게 자연과 사회를 이어주는 관계의 아름다움이 드러납니다.

지금까지 자연과 사회라는 이분법적인 사고에서 발생된 인권과 존엄이 어떻게 상호 관계하는지에 대해 보았습니다. 타자를 위한 자기절제, 상호인정하는 자유에 의한 공동체에까지 접근하였습니다. 이제 논의해야 할 곳은 조직입니다. 결국 이 이야기는 현대사회에서 사람들이 가장 많은 시간을 보내고 있는 조직에서의 인정을 다루고자 함입니다. 조직의 인정이 설명될 때 우리는 자신과 타자, 그리고 조직을 더 많이 이해하게 될 것입니다. 조직과 사회가 건강해질 것입니다.

자연적인 '나'와 사회의 공동체인 '조직'이 있습니다. 이 둘은 서로가 남남입니다. 서로를 모르는 사이에 관계가 시작되려고 합니다. 그럼 나와 조직 사이에서 관계를 이어주는 무엇인가가 필요합니다. 나와 조직 사이에서 나의 존엄함과 조직의 인권을 연결하는 매개입니다. 우리는 흔히 조직에서 일하는 사람을 '근로자 또는 노동자'라 말합니다. 이 단어는 '나와 조직', 그리고 '자연과 사회', '존엄과 인권'을 '관계' 속에서 '인정'함이 드러나지 못하는 단어입니다. 근로자는 근로하는 개인입니다. 노동자는 노동하는 개인입니다. 근로가 수동적이며 노동이 능동적인 단어로 구분될 수 있다고 하겠지만 모두 개인을 설명할 뿐 관계를 설명하지 않습니다. 또한 근로자와 노동자라는 단어는 권리와 의무를 설명할 수는 있겠지만 상호적 관계를 설명해 내지 못합니다. 근로자와 노동자라는 단어는 반대편에 사용주 또는 자본가라는 위계적 관계를 만듭니다. 인식 안에서 관계가 이어지지 못하고 관계의 단절, 갈등이 형성됩니다. 그러하니 근로자와 노동자라는 단어는 타자를 존엄한 존재로 인정하는 단어로는 부적합합니다.

저는 구성원構成員 member이라는 단어를 씁니다. 이 단어가 조직에서 구성되어 있는 사람들의 관계를 설명하는, 존엄하면서도 인권 친화적인 단어라고 생각합니다. 구성원이라는 단어는 사용주뿐만 아니라 조직에 속한 모두를 포함하니 관계 안에서 인정될 수 있습니다. '내'가 '우리'인 것이고 '우리'가 '나'(Ich, das Wir, und Wir, das Ich. 정신현상학 220쪽)이며 만인이 나이며 내가 만인(Sie als Mich als Sie. 373쪽)입니다. 이러한 자기의식(자기가 자기의식임을 아는 자기의식, 28, 202, 203쪽)에 의해 서로를 인정하니 '공동의식'에 참여하게 됩니다. 공동의식은 조직의 사명, 또는 목표라고 할 수 있습니다. 자아의 자기의식과 타자의 자기의식이 공동의식에 참여함으로써 조직에서의 관계가 형성됩니다.

관계에 의한 자기절제와 자유의 인정

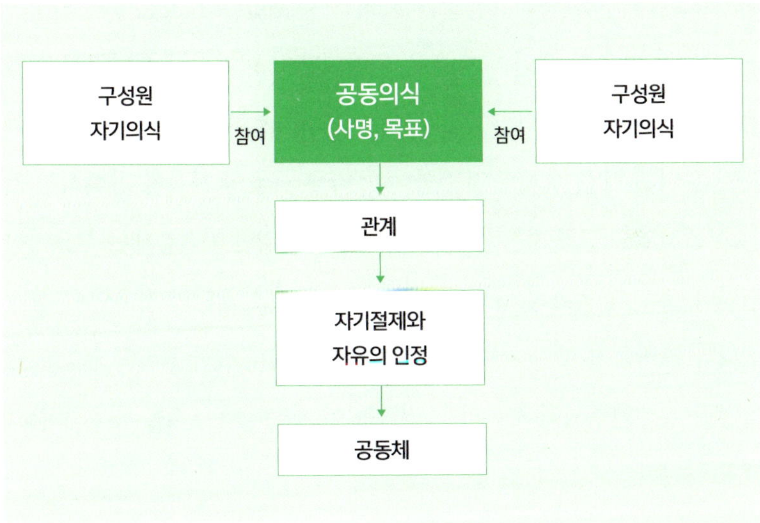

관계에 의해 서로를 인정하는 구성원은 그에 상응하는 건강한 행동을 선택합니다. 자기를 제한하는 자기절제입니다. 이것이 조직에서 얻게 되는 진정한 '자유'입니다. '진정한 자유란 자기를 절제하는 것'이라는 명제가 조직에서 실현됩니다. 인정에 의해 자유를 얻고 타인의 자유를 또한 인정하니, 이제 서로의 권리를 말할 수 있게 됩니다. 조직에서의 자유는 오해되고 있습니다. 내가 하고 싶은 일을 하는 것은 자유가 아닙니다. 내가 하고 싶지 않은 일을 하지 않는 것도 자유가 아닙니다. 그것은 자연권에서나 가능한 일이거나 방임일 뿐입니다. 진정한 자유란 조직의 목표와 구성원을 위해 자신을 제한할 수 있는 것입니다. 관계 속에서 서로의 존재를 인정하는 조직이 경쟁력이 있는 이유는 자기의식이 절제에 의해 공동의식에 자유로이 '참여'하기 때문입니다. 이것이 악셀 호네트가 『사회주의 재발명』에서 말한 '사회적 자유'입니다. 자본주의 사회에서 시장의 자유가 개인의 자유로 이해되면서 이기적인 개인주의적 자유로 변질되었습니다. 이기적 자유는 공익公益보다 사익私益이 우선되어 타자를 나와 다른 객체로 간주합니다. 다른 사람의 자유를 침해하지 않는 선에서의 개인의 자유만 중시되어 타자를 위한 자기절제는 부도덕이 됩니다. 조직의 목표와 규범norm 規範은 사라지고 개인의 자유만이 남게 됩니다. 조직은 다양한 사람들이 모인 공동체이니 결국 권리와 권리가 충돌합니다. 개인주의적 자유라는 권리는 이 지점에서 조직을 매우 곤란하게 만듭니다.

조직은 '개인적 자유'가 아닌 '사회적 자유'이어야 합니다. 조직에서의 사회적 자유는 공동체주의적 자유로서 상호인정과 자기절제를 전제로 합니다. 구성원은 객체가 아닌 주체로 인정됩니다. 주체인 자신과 주체인 다른 구성원이 상호작용과 상호수용하며 조직의 목표와 규범 속에서 서로의 존엄함과 권리를 상호인정하고 인정됩니다. 인정의 행위는 개인의 자유를 허용함이 아니라 서로를 위한 자기절제입니다. 개인주의적 자유와 공동체주의적 자유를 구분하는 가장 큰 틀은 '자기절제'입니다. 자기절제는 공동의식과 상호인정에 의해 이전과는 다른 행동을 하는 것이지 무조건적인 희생과 봉사를 의미하지 않습니다. 설명한 바대로 관계에 의해 인식하고 인정된 구성원이 인권과 마주할 수 있습니다. 이때 인권이란 자신의 권리를 요구하는 것 이상으로서 공동의 선에 관한 것입니다. 나의 권리가 인정되는 것은 타자가 당신을 위해 그 자신을 스스로 절제하였기 때문에 가능합니다. 진정한 자유란 자신의 자유를 절제합니다. 서로의 권리를 위해 자신을 절제합니다.

자신의 권리를 절제하는 것이 인권이라는 것은 모순적인 주장일 수 있습니다. 사람은 조직에서 목적으로 존재하여야 합니다. 그런데 조직을 위해 자기절제를 하면 사람이 목적이 아닌 수단이 될 수 있습니다. 다른 공동체들과 비교하여 조직은 특수성이 있습니다. 조직의 목적, 사람의 목적, 그리고 목적을 이루기 위한 수단들이 팽팽하게 대립합니다. 이 대립적인 구조가 설명되어야 조직에서의 상호인정과 자기절제가 승인될 수 있습니다. 이를 설명하기 위해 조금 더 사람의 내면으로 들어가 봅시다. 인정과 자기절제를 더 깊이 이해하기 위해서는 자아가 탐색되어야 합니다. 수단이 아닌 목적으로서의 자아입니다.

수단이 아닌 목적으로 대하라

감성과 의지를 주관하며 자신에 대한 의식과 관념을 가진 주체를 '자아'라고 합니다. 자아에 대한 정의는 여럿이지만 제가 생각하는 자아를 설명하겠습니다. 자아의 설명이 동의되어야 사람을 수단으로 대하지 않고 목적으로 대하는 것의 의미가 무엇인지가 탐색될 수 있습니다.

'사람의 자아는 하나이지만 여럿이다.'라고 가정합니다. 쉽게 납득하기 어려운 가정입니다. 하지만 사람의 자아를 하나라고 단정한다면 내적 갈등의 설명이 부족합니다. 갈등은 대상과 대상이 있어야 합니다. 자아가 하나라면 갈등의 논리는 성립되지 않습니다. 사람은 제한된 인식의 주관主觀을 갖습니다. 그 주관을 가지고 사물을 이해합니다. 그런데 사람의 주관으로는 이해할 수 없는 영역이 있습니다. 때문에, 자아를 설명함에 하나, 둘이라는 수數의 개념으로 접근할 수밖에 없는 한계가 있습니다. 이런 이유로 '자아는 하나이지만 여럿이다.'라는 가정으로 자아를 설명하고자 합니다. 사람은 'I'라는 자아와 'ME'라는 자아를 가진 존재입니다. 'I'도 자신이며 'ME'도 자신이라는 존재입니다.

'I'는 자신의 내면만을 바라보는 의식 활동을 합니다. 내면 외의 밖의 세계는 의식하지 않습니다. 다른 사람도 의식하지 않습니다. 오로지 'I'는 자기 자신만을 바라보는 존재입니다. 오직 하나의 존재이며 그래서 'I'를 '주격 자아'라고 합니다. 'I'는 둘 이상일 수 없습니다. 만약 'I'가 둘 이상이라면 정신이 분열될 것입니다. 주체가 둘 이상일 수 없기 때문입니다. 'ME'도 역시 자아입니다. 하지만 'ME'는 내면을 바라보지 않습니다. 'ME'의 관심사는 'I'와는 반대로 밖의 세계이자 다른 사람들입니다. 그래서 끊임없이 외부와 환경을 의식하고자 합니다. 'ME'는 목적을 가진 자아입니다. 그래서 'ME'를 '목적격 자아'라고 합니다. 'I'와 'ME'는 관계합니다. 'ME'의 의식 활동은 'I'로 전해집니다. 세계가 어떤지, 다른 사람들이 어떤지, 세계와 다른 사람들이 자신이라는 존재를 어떻게 생각하는지에 대해 의식합니다. 그리고 그 의식된 바를 끊임없이 'I'에게 전달합니다. 이것이 'ME'의 목적을 가진 의식 활동입니다. 'I'와 'ME'의 공통점은 하나이지만 역할은 다릅니다. 공통점은 자신이라는 존재를 알고 싶어 합니다. 세계와 사물을 알고 싶어 합니다. 그래서 끊임없이 내면과 세계를 의식합니다. 그런데 'I'의 입장에서 'ME'는 매우 귀찮은 존재입니다. 내면을 바라보는 'I'로서는 'ME'의 활동이 매우 소란스럽습니다. 집중하고자 하는 'I'의

의식 활동을 방해하고 있습니다. 반대로 'ME'의 입장에선 'I'가 매우 서운합니다. 세계와 타자의 정보를 끊임없이 전달하는 이유는 'I'가 존재하기 때문입니다. 'ME'가 의식한 바에 대한 'I'의 의식된 바를 알고 싶은 것입니다. 이점이 역할로서 다른 점입니다. 한편으로는 'I'와 'ME'는 서로가 고맙습니다. 'ME'가 다소 소란스럽기는 하지만 'ME'가 있기에 자신의 내면을 바라보는 것에 도움이 됩니다. 사실 'ME'가 전달하는 외부에 대한 의식 활동은 귀찮기는 해도 'I'에게는 꼭 필요합니다. 'ME'의 입장에서도 'I'는 서운하기는 해도 매우 고마운 존재입니다. 'ME'가 의식한 바를 들어주는 대상은 자신의 'I'가 유일하기 때문입니다.

'I'와 'ME'는 서로 다른 존재가 아닙니다. 단지 'I'는 내면을 바라보는 자아로 존재하고 싶어 합니다. 그리고 'ME'는 세계를 바라보는 자아로 존재하고 싶어 합니다. 이렇듯 'I'와 'ME'가 바라보고 싶은 곳과 하고자 하는 역할이 다릅니다. 서로의 역할을 다할 때 'I'와 'ME'는 자아를 인식하고 인정됩니다. 이런 이유로 'I'와 'ME'는 존재하고자 하는 관점에 따라 내면과 세계를 의식하는 각기 다른 방법이 인정됩니다. 때문에 '주격'과 '목적격'인 것입니다. 주격 자아인 'I'가 내면을 의식하는 방법은 자신이 '주체가 되는 것'입니다. 목적격 자아인 'ME'가 세계를 의식하는 방법은 '목적을 실현'하는 것입니다. 각각의 자아에게 격格이 인정되어 존재하게 됩니다. (『관계를 치유하는 힘 존엄』, 62쪽)

여기까지 설명된 바에 동의가 되셨을까요? 쉽지 않습니다만 아직 해결되지 않은 지점이 있습니다. 사람이 존재하는 삶의 목적이 하나일 수 없습니다. 그러하니 목적격 'ME'는 하나가 아닌 여럿일 수밖에 없습니다. 목적격 'ME'가 하나 이상의 목적격이 있다는 수數의 개념으로 가정하는 것도 인식의 주관이 가진 한계입니다. 내면을 바라보는 주격 'I'와 다양한 세계를 바라보는 여럿인 목적격 'ME'는 서로가 의식한 바를 주고받습니다. 존재하고 싶은 방법은 다르지만 하나의 존재 안의 하나의 자아이니 서로에게 도움이 되고자 합니다. 그 과정을 통해 자신의 존재를 발견하고 싶어 합니다. 만약, 주격 자아인 'I'가 하나이고 목적격 'ME'도 하나라면 의식하고자 하는 목적이 하나뿐임으로 세계를 제대로 인식할 수 없습니다. 반면, 'I'가 여럿이고 'ME'가 하나라면 사람은 하나의 목적을 위해 여러 'I'가 싸우는 전쟁터가 될 것입니다. 그러므로 주격 'I'가 하나이고 목적격 'ME'가 여럿입니다. 여러 목적격 'ME'는 목적을 실현하고자 의식 활동을 합니다. 이런 이유로 주격 자아인 'I'는 피곤합니다. 여러 목적격 'ME'에 의해 쏟아져 들어오는 의식 활동들을 주격인 'I'가 모두 다 의식하여야 하니 피곤한 것입니다. 이렇게 하여 내적 갈등이 설명됩니다.

남의 이야기에 잘 휩쓸리거나 결정에 서투른 사람은 주격 'I'의 의식 활동이 적은 경우입니다. 그래서 주관이 없다고 하는 것입니다. 자기의 주장만 옳다고 하는 사람, 남의 이야기를 귀담아듣지 않는 사람은 주격 'I'가 목적격 'ME'의 의식 활동을 무시하는 경우입니다. 아무런 의욕이 없는 사람, 세상에 관심이 없는 듯한 사람은 'ME'의 의식 활동이 적은 것입니다. 그래서 목적이 없다고 하는 것입니다. 만약, 당신의 마음이 갈등적이라면 목적격 자아인 'ME'의 의식 활동이 왕성한 것입니다. 그러하니 주격 'I'는 목적격 'ME'를 사랑해주어야 합니다. 잘 품어주어야 합니다. 그리고 'ME'의 의식 활동을 격려하고 다독여 주어야 합니다. 비록 'ME'가 보내온 의식이 탐탁하지 않더라도 말입니다. 'ME'가 보내온 의식은 주로 세계가 당신을 바라보는 의식들입니다. 다른 사람들이 당신을 바라보는 관점들입니다. 기분이 좋아지는 의식일 수도 있고 전혀 그렇지 않은 의식일 수도 있습니다. 하지만 그 모든 것이 당신을 설명하는 의식들입니다. 'I' 혼자로서는 절대 알 수 없고 오직 'ME'들의 활동에 의해 얻어지는 것들입니다. 만약 그 의식을 무시한다면 사람은 고립될 것이며 자아는 도취됩니다. 제대로 자신을 알지 못하지만, 잘 안다고 생각하는 함정에 빠지게 됩니다. 내면 안에서 혼자만 있으려고 하는 'I'에게 'ME'의 자극이 필요합니다. 'I'는 'ME'를 내면으로 초대하여야 합니다. 혼자 있고 싶어 하는 'I'가 'ME'를 초대하지 않는다면 갈등하지 않을 것이지만, 갈등이 없으므로 자기의식이 고립됩니다. 그러므로 건강한 자아를 가진 사람들은 주격 'I'가 'ME'가 드나들 수 있도록 문을 열어 놓고 있습니다. 이로 인해 사람은 갈등하겠지만 '개방에 의한 자극'이라는 'I'와 'ME'의 주고받음에 의해 자신이라는 존재를 '인식'하게 됩니다. 의식과 의식의 주고받음에 의해 자아의 인식이 가능해집니다. 이를 '주관인식主觀認識'이라고 합니다.

'I'가 'ME'라는 자아를 가진 존재와 타사의 존재가 조직에서 만납니다. 자아들이 만나기는 하지만 자신의 주격 자아 'I'와 타자의 주격 자아 'I'는 서로 만날 수 없습니다. 내면을 바라보는 주격 자아는 서로 만날 수 없는 존재들입니다. 때문에, 사람의 만남은 자신의 목적격 자아인 'ME'와 타자의 목적격 자아인 'ME'와의 만남이라 할 수 있습니다. 목적격 자아인 'ME'들 끼리 서로를 탐색하고 의식합니다. 이를 의식의 운동運動(정신현상학 211쪽)이라고 합니다. 각자의 목적을 실현하고자 하는 'ME'끼리 서로 만나지만, 주격 자아는 알 수 없습니다. 어떤 목적을 충족하기 위함인지, 또 서로에게 무엇을 신경을 쓰고 있는지 서로의 'I'는 알 수가 없습니다. 목적격 자아인 'ME'들은 각자의 목적 실현을 위해 타자의 목적격 자아들을 만나고 주격 자아인 'I'에게 의식을 전달합니다. 'I'와 'ME'의 의식의 주고받음 속에서 또 다른 목적격 자아 'ME'들을 만납니다. 서로 다른 목적격 자아들끼리 얽히고설키어 만나고 탐색하고 전달하니 사람과의 관계는 서로가 오해하고 갈등하게 됩니다. 이때 갈등을 환기시키는 것이 조직의 사명, 목표라는 공동의식입니다. 하나의 목적이 되는 구심적으로 작용함으로써 목적과 갈등의 범주를 좁히게 됩니다. 조직의 성장이 둔화될 때, 풀리지 않는 이슈가 있을 때 사명을 재확인하고 목표를 돌아보는 이유는 여기에 있습니다.

인식된 내면의 인식을 주관인식이라 한다면 타자의 주관인식은 대상이 되는 인식입니다. 이를 대상인식對象認識이라고 합니다. 하지만 타자 입장에서는 주관인식입니다. 자신의 입장에서는 대상이지만 타자 입장은 주관으로 인정됩니다. 각자 입장은 다르지만 의식과 의식의 상호작용으로 자기를 인식self-awareness합니다. 자기 인식된 자아는 상호수용하는 주체가 되어 서로를 인정합니다. 이를 상호인정相互認定이라 합니다. 내면을 바라보는 'I'와 세계를 바라보는 'ME'는 자신과 타자의 의식에 서로의 존재를 인식하게 됩니다. 그리고 인식된 바에 의해 주격 자아인 'I'와 목적격 자아인 'ME'는 서로를 인정합니다. 서로의 역할과 방법은 다르지만 그래서 서로를 피곤하게 하지만, 서로의 존재함을 통해 인식이 있을 수 있으니 서로를 인정합니다. 당신이 있으니 내가 있고 내가 있기에 당신이 있습니다. 'I'와 'ME'는 상호작용에 의해 서로 다른 역할을 하지만 상호수용하는 상호인정입니다. 그래서 'I'와 'ME'는 주체적 자아, 객체적 자아로 구별되지 않고 모두가 격을 가진 자아로 인정됩니다. 의식 활동과 의식에 의해 궁극적으로 상호인정 되는 것은 자신과 타자의 '존엄'입니다. 서로 존엄하므로 주체와 객체로 구분하지 않고 모두 상호인정 되는 주체가 됩

의식과 인식에 의한 상호인정

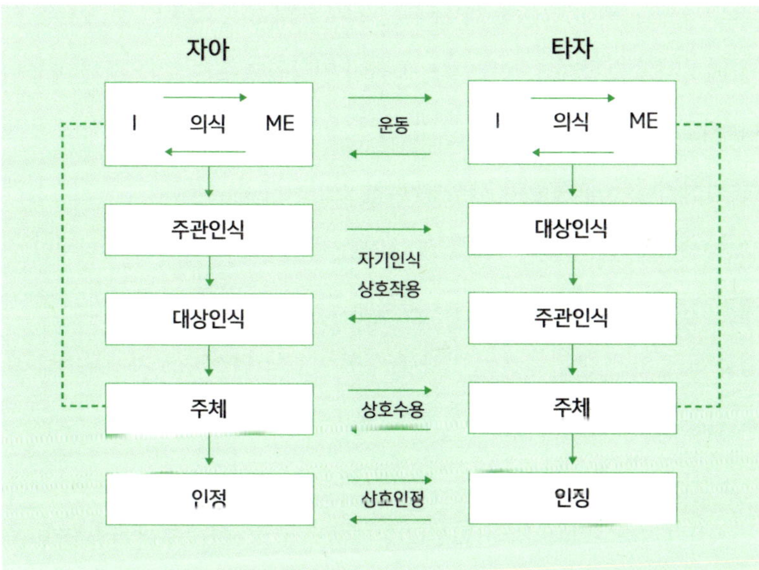

니다. 이를 설명하면 위의 그림과 같습니다.

존재를 알고 싶어 하는 사람은 'I'와 'ME'의 의식 활동으로 자신을 발견합니다. 이때 자신의 목적격 'ME'와 타자의 목적격 'ME'의 의식 활동이 중요합니다. 그것이 인식과 인정을 가능하게 하는 출발입니다. 그러므로 자신의 목적이 중요한 만큼이나 타인의 목적도 존중되어야 합니다. 모든 목적격 자아의 의식 활동은 자기 이익이 아닌, 자기 존재를 발견하기 위함이기 때문입니다. '사람을 수단으로 대하지 말고 목적으로 대하라'는 의미는 여기에 있습니다. 만약 자신의 목적을 위해 타인을 수단화한다면 타자는 자신의 존재를 발견할 수 없게 됩니다. 수단화에 의해 목적이 상실되기 때문입니다. 타자가 나를 수단화한다면 이 역시도 내 존재의 발견을 방해받습니다. 수단이 된 자신의 존재가 할 수 있는 일은 없습니다. 타자의 목적을 위해 이용될 뿐입니다. 나의 목적이 중요한 만큼 타자의 목적도 역시 중요함이 인정됩니다. 목적이 인정됨으로 서로가 주체가 됩니다. 서로를 인정하기에 타자는 더 이상 수단의 객체가 아닌 목적의 주체로 인정됩니다. 주체들이 가진 목적이 인정되기에 서로를 위한 자기절제를 할 수 있습니다. 자기절제를 하니 자유가 인정되고 자유가 인정되니 권리가 인정되고 권리가 인정되니 마침내 인권이 인정됩니다. 주체가 된 사람들이 일하는 조직에서는 타자를 주인으로서 인정하고 자신도 주인으로 인정됩니다.

조직에서의 주체는 구성원입니다. 구성원은 'I'라는 주격과 'ME'라는 여러 목적격을 가진 조직의 주체입니다. 그 목적격들의 인식 활동이 벌어지는 장소가 바로 조직입니다. 조직도 역시 목적이 있습니다. 조직의 목적과 구성원의 목적들이 인식되고 인정될 때 건강한 조직이 될 수 있습니다. 만약 조직의 목적을 위해 구성원의 목적을 수단화한다면 존재를 발견하고자 하는 사람의 여정을 방해하는 것입니다. 사람이 조직에 참여한 이유는 일의 의미를 발견하고 자기를 실현하는 것, 즉 자신의 존재를 발견하기 위한 목적입니다. 조직이 구성원을 수단화한다면 구성원도 조직을 수단화합니다. 그리고 서로를 수단화합니다. 사람의 목적격 'ME'가 받아들여지지 않고 수단화된다면 주격 'I'가 건강하지 않습니다. 주격 'I'가 건강하지 않으면 자신이 부정됩니다. 부정되는 'I'는 생존하기 위한 암투暗鬪의 전쟁을 합니다. 조직은 두려움의 장소가 되고 구성원은 각자 투쟁하니 조직이 목적을 달성할 수 없습니다. 마찬가지로 자신의 목적을 위해 조직의 목적을 수단화해서는 안 됩니다. 조직도 역시 목적을 달성하여 조직의 존재를 증명하고자 합니다. 조직의 존재와 목적에 동의하여 모인 사람들이 구성원입니다. 조직과 구성원의 목적은 자신의 존재를 증명하는 것임과 동시에 조직의 존재목적을 달성하는 것입니다. 만약 자신의 목적을 위해 조직을 수단화한다면 구성원 중에 누군가의 'ME'는 자신의 목적을 위해 당신을 수단화할 것입니다. 그렇게 되면 누군가의 'I'가 건강해지지 않을 것이고 조직의 목적은 달성되기 어려워지게 됩니다. 이 경우도 조직은 생존을 위해 암투하는 만인의 전쟁터가 되어 버립니다.

사람이라는 존재 안에 여러 목적격 'ME'가 공존한다는 것, 그리고 다양한 목적을 인정한다는 것은 마치 민주주의와 흡사합니다. 비록 갈등적이지만 그것을 인정하는 것이 경쟁력이 있는 것입니다. 조직에 'I'와 'ME'를 인식하고 인정하는 사람이 많다면 조직은 건강합니다. 자아라는 존재가 'I'와 'ME'의 의식 활동으로 성장하듯이 조직도 역시 다양한 'I'와 'ME'들의 의식 활동으로 성장합니다. 서로를 인식하고 인정하기 때문입니다. 서로가 서로에게 수단이 아닌 목적이 되는 조직입니다. 목적이기에 스스로 주체입니다.

* 주격 자아 'I'와 목적격 자아 'ME'는 이 책에서 계속 다루어집니다. 이 관계를 꼭 기억해 주시길 바랍니다.

관리와 관료의 투쟁

자아 스스로는 주체가 될 수 없습니다. 타사와의 관계에 의한 타자의 인식과 인정이 필요합니다. 자아의 'ME'와 타자의 'ME'가 운동하며 서로가 호응해야 합니다. 때문에, 자기를 인식하기 위해서는 타자에 대한 이해가 필요합니다. 자아는 더 많은 타자와의 관계로 자기의식의 운동과 호응이 있을 것이며 이로써 자신을 더 많이 알아갑니다. 그렇다면 자아의 인식과 인정을 위해 더 많은 타자와 운동하고 호응할 것이므로 타자들이 모인 '집단에 대한 이해'가 필요합니다. 또 집단은 다른 집단과의 관계가 있을 것이기에 이 관계들이 모인 전체 '사회에 대한 이해'도 필요합니다. 전체 사회는 개인들의 집합체입니다. 그러므로 '사람에 대한 이해'가 필요합니다. 사람은 존재함이니 '존재에 대한 이해'도 필요합니다. 존재에 대한 이해는 자기의식과 마주하게 되고 '나에 대한 이해'가 필요합니다. 한마디로 자기의식은 자기로 출발하여 타자와 집단, 그리고 사회로 확장되지만 결국 이해의 근원은 바로 자기 자신입니다. 즉 자기 자신을 이해하는 것이 주체가 되는 시작이자 끝입니다. 아래의 그림을 보시면 주체가 된다는 것은 순환관계에 있는 타자와의 관계로 이해됩니다. 그리고 조직은 그 순환이 이루어지는 장소입니다. 차후에 설명하겠지만 조직의 순환은 사회로 전환됩니다.(교환에서 순환으로, 순환에서 전환으로, 172쪽) 이 모든 과정은 서로가 인정하고 인정되어야 비로소 자기 자신을 이해하는 것이라 할 수 있습니다. 그런 이유로 자아를 이해하기 위하여 자아의 의식, 인식, 그리고 타자와의 운동에 대하여 설명해 왔습니다. 이러한 과정 속에서 서로에 대한 이해가 깊고 넓다면 우리는 갈등을 좀 더 잘 다룰 수 있습니다. 그리고 자기 안에 있는 욕구의 충족과 결핍도 이해할 수 있게 될 것이고 그럴수록 우리는 타자를 인식하고 인정하여 건강한 관계를 유지하

자아의 의식과 순환

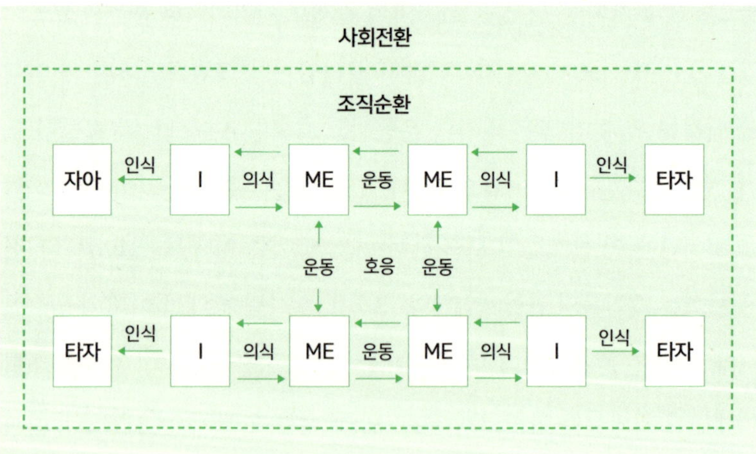

게 됩니다.

이제부터는 조직과의 '관계'에 대해 말하겠습니다. 가장 많은 타자와의 관계가 발생하는 장소이자 하나의 목표를 공유하는 조직을 이해한다면 자신을 더 많이 이해할 수 있습니다. 이렇게 조직이 이해될 때 우리가 참여하고 있는 전체 사회도 이해될 수 있습니다. 그리고 자신의 존재인 자기의식으로 돌아와서 자기를 이해할 수 있게 됩니다. 의식 활동과 인식의 목적은 자기의 존재를 알아차리기 위함입니다. 이러한 존재의 인식은 자기만족에 머무르지 않습니다. 자기의 존재를 인식하기 위해서는 타자도 인식되어야 합니다. 타자에 대한 인식은 집단을 알게 하고 집단은 사회를, 사회는 곧 국가로 이어집니다. 결국 자기의식의 여정旅程은 공동체까지 확장되며 권리와 자유, 공동선을 깨닫게 됩니다. 순환적 관계에서 얻어지는 조직의 힘은 사회로 전환되어야 합니다. 이 책은 그 여정 중에 조직에서의 자기의식과 인정에 대해 중점적으로 기술합니다. 그리고 사회전환을 주장할 것입니다. 그렇다면 '전체 사회'에서 '조직'이 어떠한 위치에 서 있으며 '사람'은 어떻게 존재하고 있는지에 대한 설명이 필요합니다.

자유주의와 사회주의

자유주의 → 사유화 → 자유경제 → 자유시장 → 관리조직 → 자유훼손

사회주의 → 집단화 → 계획경제 → 시장개입 → 관료조직 → 자유훼손

앞의 그림을 보면 오늘날의 조직은 크게 자유주의와 사회주의라는 두 가지의 축 위에 놓여 있습니다. 이 두 축은 전체 사회의 방향이 되는 사상이기도 합니다. 두 사상이 구축된 목적은 전체 사회의 발전을 위함입니다. 각 사상을 지지하는 사람들의 입장에 따라 접근법에 큰 차이를 보이지만 공통점은 하나입니다. 두 사상 모두 '좋은 삶'과 사회의 '복지'를 위함을 목적으로 합니다. 목적이 이러함에도 현실은 그렇지만은 않습니다. 우선 자유주의 입장을 보겠습니다. 이들의 중심 가치는 오직 '자유'입니다. 경제는 수요와 공급에 따라 시장에 맡기고 정부는 개입하지 말아야 한다고 주장합니다. 그렇게 해야 동기도 부여되고 시장이 생동있게 움직일 수 있다고 합니다. 결국 자유에 의해 좋은 삶과 복지가 실현된다고 합니다. 자본의 축적과 분배는 자유주의적 입장을 견지하여 사유화를 주장합니다. 사유화된 재화는 시장과 마찬가지로 정부와 사회가 개입하면 안 됩니다. 그런데 시장의 효율을 위해서는 조직을 '관리'해야 한다고 합니다. '절대 가치인 자유를 주장하면서도 관리조직이 효율적이다'라는 것은 자본에게는 자유를 인정하지만 사람은 자유가 아닌 관리의 대상이라는 입장입니다. 인정에 대한 본질적인 질문을 할 수밖에 없습니다. '사람이 관리되어야 되는 대상이라면 과연 자기 인식을 할 수 있을까요? 사람이 자유롭지 않은데 어떻게 자유주의일까요?' 자유주의는 그 자유에 의해 사람의 존재를 인식할 수 있을 것 같지만 사실 막상 들어가 보면 오히려 사람은 관리당하고 있습니다. 관리를 당하면 인식의 제한이 오게 되고 사람은 인정될 수 없습니다. 자유주의의 대안으로 사회주의를 말하지만 제가 보기에는 사회주의도 크게 다르지 않습니다. 사회주의를 보자면 평등과 분배가 절대 가치이고 이를 위해 계획경제를 주장합니다. 때문에, 적극적으로 시장에 개입합니다. 이러한 입장이다 보니 중앙통제적인 방식을 취합니다. 자연스럽게 관료조직이 됩니다. 관료조직은 소유를 집단화합니다. 동기가 저하될 수 있는 단점과 함께 시작부터 자유가 통제될 수밖에 없는 구조입니다. 시장의 자유보다는 사람의 해방을 목적으로 시작된 사회주의이지만 모순되게도 사람의 자유가 훼손되고 있습니다.

자유주의이든, 사회주의이든 사회의 성장을 이루는 것이 목적입니다. 하지만 의도와는 다르게 작동되고 있습니다. 그 가운데 자유주의 관리조직과 사회주의 관료조직으로 대표되는 조직의 유형이 존재하고 있습니다. 관리조직은 매뉴얼로 작동됩니다. 시작부터가 벌써 모순적입니다. 시장은 자유를 허용하지만, 시장이 조직에서 일하는 사람은 자유보다는 관리되어야 하는 대상으로 존재합니다. 서로를 인식하고 인정하는 관계 속에서 자유가 인정됩니다. 그 자유에 의해 자기의식이 타자와 운동하면서 관계를 맺습니다. 그런데 관리조직에서는 자유를 관리합니다. 관리조직에서의 인정보상은 평가에 의한 인센티브입니다. 사람의 인정이라는 것이 현물로 보상되면 자유를 제한하게 됩니다. 사람의 자유가 인센티브에 종속되어 사람은 더 이상 주체가 아닌 객체가 됩니다. 스스로 운동하는 것이 아닌 인센티브에 의해 종속되어 작동됩니다. 관료조직도 지침에 의해 작동됩니다. 매뉴얼이나 지침이나 같은 맥락에 의해 사람의 자유를 제한합니다. 타자의 인정에 의한 자기제한의 절제가 아닌 법과 지침에 의해 제한됩니다. 타자를 위한 스스로의 절제가 아닌 부가附加되는 절제입니다. 관료조직의 인정보상은 현금과 현물의 인센티브도 있지만 관리조직보다는 크지 않습니다. 대신 근속연수에 따른 정해진 승진이나 고용안정 등으로 보상됩니다. 이러한 보상제도는 사람을 안주安住하게 합니다. 안주라는 것은 어쩌면 보상일 수 있겠지만 자유의 훼손이기도 합니다. 자유는 안주가 아니라 끊임없는 투쟁에 의한 역동逆動으로 얻어지는 것입니다. 두 사상으로 작동되는 관리조직과 관료조직의 공통점은 자유를 억압하고 자유를 촉진하지 않습니다. 이렇게 자유와 대치對峙되거나 형해화形骸化될 수 있는 조직은 자기를 인식하고 타자를 인정하는 데에 제한이 됩니다.

인정하고 촉진하는 대안代案조직이 필요합니다. 사람의 자유를 서로가 인정함으로써 타자를 위한 자기절제를 취하고 마침내는 공동체적 자유에 의해 촉진되는 '인정조직'을 제시합니다. 두 사상 가운데 사회주의 입장에서 인정조직이 설명될 수 있습니다. 시장에 자유를 허용하는 개인주의적 자유보다는 자기절제에 의한 사회주의적 자유를 선택한다고 설명하는 것이 유용하기 때문입니다. 그것이 제가 주장하고 싶은 공동체주의적 자유주의에 가깝습니다. 그렇다고 자유주의를 반대하는 것은 아닙니다. 이 책의 중심이 되는 헤겔의 변증법은 서로를 부정하거나 다른 한쪽을 제거하여 승리하는 것이 아닙니다. 헤겔에 의한다면 억압되는 관리와 집단화된 관료의 양자兩者 사이의 역동적인 투쟁으로 서로를 인정하고 마침내는 대안적인 종합綜合을 이룰 것이기 때문입니다. 이제 대안적 조직인 '인정조직'으로 조직에서 인정되어야 할 것들을 제시하겠습니다. 조직의 현상과 본질을 이해함으로써 조직과 사회의 변혁에 어떻게 접근할 것인지에 대한 함의를 제시하고자 합니다. 조직에서의 인정의 현상과 본질이 설명되어 '나, 너, 우리', '사회, 조직, 사람'을 이해하는 기회가 될 것입니다.

2부

인정하는 가치
인정하는 행동

recognition

Organization

democracy

상반된 가치의 변증법

조직은 본래 갈등과 모순의 장소입니다. 모순은 각자의 자아가 추구하는 가치가 다르다는 것에서 기인합니다. 모순에는 3가지의 상황이 있습니다. 예를 들어 A라는 가치와 B라는 상반된 가치가 있다고 가정합시다. 이때 A와 B라는 가치 중에서 어느 하나를 선택할 수 없는 상황입니다. 이를 '딜레마'라고 합니다. 두 가지의 가치 중에서 어느 하나의 가치를 선택하고 다른 가치를 억압하는 상황이 있습니다. 이를 '갈등'이라고 합니다. 마지막으로 A와 B의 가치 중에서 굳이 어느 하나를 선택하거나 억압하는 것이 아니라 두 가지의 가치 모두를 '인정'하는 상황이 있습니다. 이를 역설paradox이라고 합니다(로버트 퀸, 이봉수 역, 『조직관리의 새로운 지평』).

대개 경우 상반되는 가치 중에서 어느 하나를 반드시 선택할 것으로 가정하는데 이는 가치가 상호배타적이라고 인식하기 때문입니다. 이것이 딜레마와 갈등적 상황입니다. 그러나 어느 하나를 선택하는 것이 아니라 두 가지의 가치가 상호보완적이고 상호 모두를 인정한다면 딜레마와 갈등은 발생하지 않을 것입니다. 이것을 '가치의 역설'이라고 합니다. 나와 다른 타자의 가치를 '인정'한다면 새로운 창이 열리게 됩니다. 상호작용과 상호수용이라는 상호인정의 관계가 열리면서 두 가지의 상반된 가치가 공존할 수 있습니다. 서로 잡아먹을 필요가 없이 서로를 인정합니다. 상호호혜입니다. 역설적 관계를 통해 가치들이 인정받게 되면 서로를 인식하기가 수월해집니다. 인정되니 인식할 수 있고, 인식하니 인정됩니다. 타자의 상반된 가치를 인정할 수 있으니 타자의 가치를 어려움이 없이 인식하게 되고 그 인식을 통해 타자의 자아가 인정됩니다. 이를 '역설적 가치의 역동적 공존'이라고 합니다.

퀸Robert E. Quinn은 그의 경쟁가치모델competing value model에서 '상반되는 모순이 조직에서는 오히려 매우 자연스러운 것'(같은 책 94쪽) 이라고 주장합니다. 하지만 대개의 사람은 상반되는 모순에 저항합니다. 자신의 관점에서 볼 때, 어느 가치가 다른 가치에 비해 우월할 것이라는 가정을 합니다. 그중에 하나를 양자택일을 하는 것이 더 자연스럽다는 입장을 취합니다. 이렇게 되면 선택과 억압 사이에서 갈등과 딜레마 상황이 주어질 수밖에 없습니다. 이와는 반대 입장에 있는 퀸의 관점은 양자택일이 아니라 양자를 수용하는 것이 조직에 더 자연스럽고 유효하다고 봅니다. 상호작용과 상호수용의 기회가 더 주어지기 때문입니다. 그런 기회들은 자기절제와 자유를 촉진할 것입니다. 아래의 그림은 퀸이 제시한 8개의 리더십 스타일입니다.

경쟁가치모형의 리더십 특성

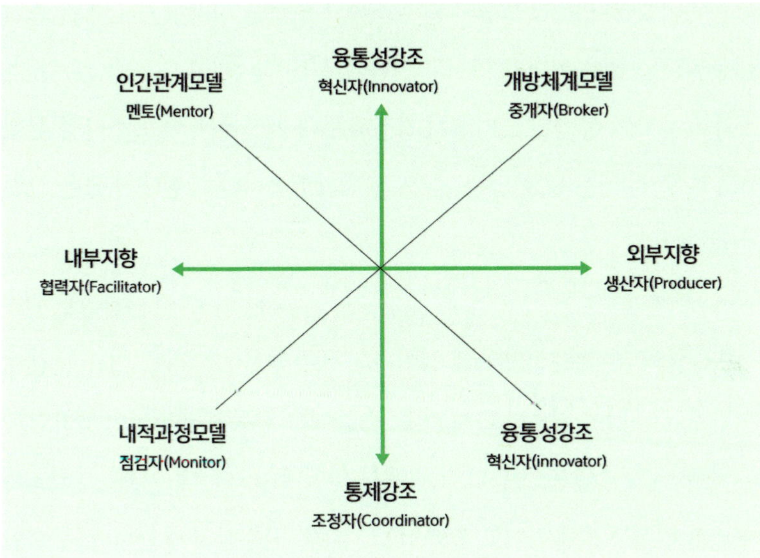

출처: 『모순적 리더십과 조직문화』, 157쪽

퀸은 리더의 스타일을 설명할 때 4분면으로 나눈 후, 상하로 융통성과 통제, 좌우로 내부와 외부 지향으로 구분합니다(굵은 선). 또다시 대각선으로 사분면으로 나눈 후 각각의 모델을 제시합니다(대각선 두 개의 선). 그리고 각각의 지점마다 저마다의 리더십 스타일을 정의합니다. 예를 들어 상단 중앙의 융통성을 강조하는 리더는 혁신자 리더십이며, 중앙 하단의 통제를 강조하는 리더는 조정자 리더십입니다. 융통성을 강조하고 조직의 에너지가 내부를 지향하는 리더는 멘토 리더십입니다. 그리고 각각의 리더십 스타일마다 지배적인 가치들이 존재합니다. 예전에는 한 가지만 잘하면 효율적이고 합리적인 리더로 인정되었습니다. 예를 들어 멘토 리더십 스타일 하나만 잘해도 구성원에게는 좋은 리더, 일 잘하는 리더로 인식했습니다. 반면 통제를 강조하고 외부를 지향하는 감독자 스타일의 리더는 좋은 리더가 아니고 일을 망치는 리더라고 인식했습니다. 멘토와 감독자의 상반된 스타일이 경쟁하는데 예전에는 어느 하나를 선택하고 다른 하나는 필요 없는 것, 또는 억압했습니다. 그런데 지금은 그렇지 않습니다.

오늘날의 조직에서, 하루에 일어나는 이슈들을 보더라도 어느 순간에는 멘토 리더십이 필요하고 또 어느 순간에는 감독자 리더십이 필요합니다. 하루에도 수많은 이슈가 조직에서 일어나게 되는데 이제는 어느 하나만 잘해서는 효율적이고 합리적인 리더로 인정받지 못합니다. 구성원의 입장에서 볼 때, 하나만 잘하고 다른 것은 부족한 리더입니다. 강점이 갑자기 약점으로 바뀌고 또 그 약점이 어느 순간 발현되어 강점이 되는 곳이 바로 조직입니다. 멘토 스타일 하나만으로 조직을 이끌었지만 어느 순간 그것이 약점이 되어 버립니다. 감독자 스타일이 그다지 필요가 없던 조직이었는데 어느 순간 감독자 스타일이 필요로 해집니다. 상황이 변했으니 조직의 필요로 감독자 스타일로 리더십을 발휘하려고 하지만 쉽지 않습니다. 리더가 그동안 감독자 스타일을 발휘한 적이 없었기 때문에 어떻게 해야 하는지도 모릅니다. 감독자 스타일의 구성원은 멘토 중심의 문화가 싫어서 이미 조직을 떠나 남아 있지도 않습니다. 오늘날의 조직은 급변합니다. 예전의 조직은 정태적情態的이었지만 지금은 동태적動態的입니다. 어느 하나만 잘한다고 해서 생존할 수 있는 그런 환경이 아닙니다. 이런 이유로 효율적이고 합리적인 리더라고 한다면 8개의 상반되는 리더십 스타일이 상호작용하고 상호수용되어야 합니다. 그래야 각기 다른 상황에 처한 이슈마다 8개의 리더십 스타일이 적정하게 발휘될 수 있습니다. 조직도 역시 8가지의 리더십 스타일이 구성원 사이에서 상호작용하고 상호수용 되어야 합니다. 상반되는 가치들이 공존해야 건강한 조직입니다. 그런데 이것이 조직에서 쉽지 않습니다. 모순되는 상반된 리더십 가치들이 자연스럽게 조화를 이루어야 하지만, 여전히 조직은 양자택일을 요구합니다. 모순되게도 구성원이 상호수용이 아닌 양자택일을 할 것을 더 요구하기도 합니다.

구성원 각자에게는 8개의 리더십 스타일 중 강점을 보이는 스타일이 하나씩은 있습니다. 그 강점 스타일을 조직과 동료에게서 인정받고 싶어 합니다. 반면에 다른 구성원의 강점이 자신에게 불편함을 주는 경우가 있습니다. 자신에게 없거나 취약하기 때문입니다. 이것을 인정하기가 싫은 것입니다. 내가 인정받아야 하고 남을 인정할 수 없으므로 상반된 가치의 수용을 거부합니다. 이것이 조직에서 일어나는 갈등의 본질입니다. 이는 목적격 자아인 'ME'가 인식한 타자의 목적격 자아 'ME'에 대한 인식을 주격 자아 'I'가 거부하는 것입니다. 거부함으로 인식할 수 없고 당연히 인정되지 않습니다. 타자를 인정하지 않으면 자아는 자기 안에 갇히게 되고 진정한 자아로서 인정되지 못하게 됩니다. 인정되지 못하니 주체가 아닌 객체로 남습니다. 타자도 역시 인정되는 주체가 아닌 객체로 남습니다. 객체와 객체이니 자기절제도 거부합니다. 자유 역시 인정되지 않고 개인주의적 자유만이 남습니다. 조직은 이 갈등에 개입하면서 자유를 통제하게 됩니다. 조직은 주고받는 만큼의 '교환관계'만 성립됩니다. 조직의 에너지는 순환되지 않고 사회로 전환되지도 않습니다. 오직 자본과 노동의 교환이 있을 뿐입니다. 내가 인정받고자 하나 타자를 인정하지 않으니 조직은 딜레마와 갈등 상황에 놓이게 됩니다. 사람은 목적이 아닌 수단이 되어 버립니다.

타자의 상반된 가치를 인정하게 될 때 인식되고 인정될 수 있습니다. 오직 인정만이 새로운 창을 열게 합니다. 모든 사람에겐 강점도 있지만 약점도 있습니다. 그게 사람입니다. 자신에게는 강점인 가치이지만 타자에게는 상반된 가치일 수 있습니다. 상반된 가치에 의해 강·약점으로 구분이 되지만 그것이 인정될 때만이 비로소 서로가 존재로서 인정됩니다. 상반된 가치를 인정하면서 존재로서 인정이 되니 '상호인정'되는 조직이 됩니다. 자신이 가진 약점을 다른 구성원이 보완해 주고, 내가 가진 강점으로 다른 구성원의 약점을 보완해 갑니다. 내가 강점으로 가진 리더십 스타일이 있지만 부족한 리더십 스타일이 있습니다. 그것을 보완해 주는 것이 다른 구성원이 가진 강점의 리더십 스타일입니다. 그 리더십 스타일 안에는 지배적인 가치들이 있는 것이고 그것이 서로를 인정하면서 공존하게 됩니다. 공존하게 되는 이유는 자기절제와 자유에 의해 억압받지 않고 인정됨으로 가치의 균형을 찾을 수 있기 때문입니다.

퀸은 효율적인 리더와 비효율적 리더의 차이가 '균형'에서 온다고 봅니다. '얼마나 강력한 리더십 스타일이 조직을 지배하는가?'보다는 작더라도 각각의 8개의 리더십 스타일이 서로 균형적일 때 사람들은 합리적이라고 인식합니다. 사람이 모두 균형적이라면 좋겠지만 실제로 그렇지 않으니 퀸은 균형을 찾는 방법으로 두 가지를 제시합니다. 하나는 자신의 취약한 리더십 스타일과 관련된 책을 읽어보라고 권합니다. 또 하나는 모델링하라고 제안합니다. 모델링하는 방법은 자신에게는 취약한 리더십 스타일이지만 조직을 둘러보면 그 리더십 스타일에 가장 강점을 발휘하는 구성원이 있습니다. 그 구성원의 행동을 모델링하며 균형을 찾습니다. 리더가 아닌 조직이 균형을 잃었다면 약점이 되는 리더십 스타일에 강점을 보이는 구성원을 전면에 내세웁니다. 그에게 권한을 부여하여 이끌어갈 수 있도록 합니다. 적재적소에 구성원이 필요해지게 되므로 조직에 쓸모가 없는 구성원은 없습니다. 자신의 가치 기준에는 이해가 안 되는 구성원이 있을 수 있지만, 각자의 역할을 하고 있으며 그 사람에 의해 조직의 균형을 잡을 수 있습니다. 그렇게 조직은 상반되는 가치에 의해 건강해집니다. 자신의 약점을 모델링하여 균형을 잡을 수 있는 것은 타자를 인정하는 것에서 출발합니다. 현대사회에서는 이를 '다양성의 인정'이라고 표현합니다. 그러한 조직과 사회가 경쟁력이 높다고 증언합니다.

상반된 리더십 스타일과 가치들 속에서 상호배제가 아닌 상호인정을 한다는 것, 그럼으로써 균형을 잡는다는 것은 마치 헤겔의 변증법을 닮았습니다. 끊임없이 운동하며 그 안에 모순을 가진 대상은 그 운동과 모순을 억압하지 않고 성장의 동력으로 활용합니다. 만약 이것이 고정된 것이고 움직일 수 없다면 대립적 구조 속에서 어느 하나만을 선택하여야 할 것입니다. 이것을 옳은 선택이라고 볼 수 없습니다. 억압과 강요의 상황에서 벌어진 결과는 주어지고 요구된 것이지 합리적인 결정이 아닙니다. 이렇듯 '모든 대상은 본질적으로 모순되어 있으며 이 모순과 대립으로 끊임없이 운동하며 진리를 찾는다'는 것이 헤겔의 변증법입니다. 사람은 상반된 가치의 모순 속에서 '상호작용'이라는 '투쟁'과 '상호수용'이라는 '절제'를 통해 '상호인정'의 '자유'를 획득합니다. 그런 사람들이 모인 곳이 조직이라는 세계입니다.

궁금한 점이 하나가 남습니다. '왜 조직의 구성원은 그런 모순적 상황을 기꺼이 극복하려고 할까? 즉 자신의 주된 가치와 장점을 유지하는 것이 편함에도 불구하고 굳이 투쟁과 수용이라는 고난을 선택해야 하는 이유는 무엇일까?' 답은 구성원은 진리를 찾고 싶어 하기 때문입니다. 그것도 조직에서 말입니다. 여기에서의 진리란 공동의식, 조직의 목표(사명)에 대한 실현입니다. 구성원 입장에서는 사명은 관념적인 대상입니다. 자신은 이 관념을 주관으로 인식합니다. 관념 대상인 사명을 주관인식인 자아가 이해하려고 합니다. 이해의 방법은 사명과 자아의 존재 이유가 일치하는지 실질(경험)로 확인하는 것입니다. 즉 관념과 주관의 일치성을 실질(경험)로 확인하는 것이고 그 방법은 조직의 사명을 이루는 것과, 자신의 일에서 의미를 발견하고 자기를 실현하는 것입니다. 그 과정 속에서 상반된 가치라는 모순에 직면하게 됩니다. 양자택일해야 하니 갈등 상황에 놓이게 됩니다. 구성원은 모순과 갈등을 해결하길 원합니다. 그래야 관념 대상인 사명과 주관인식인 자아가 일치하는 진리를 찾을 수 있습니다. 그렇기에 구성원은 '상호작용'의 '투쟁'과 '상호수용'의 '절제'를 통해 '상호인정'의 '자유'를 선택하게 됩니다. 인정된 자아에게 이제 필요한 것은 사명을 이루기 위한 실질적인 '행동'입니다.

링겔만 효과의 불승인

1913년 농업 엔지니어링 링겔만은 줄다리기 실험을 했습니다. 실험의 목적은 1인 공헌도에 관한 것이었습니다. 링겔만은 영농 생산성 연구를 하는 과정에서 수레를 끄는 말이 1마리일 때보다 2마리일 때, 힘의 차이가 감소한다는 사실을 발견했습니다. 링겔만은 조직의 성과에 대한 구성원의 공헌도에 관한 변화 추이를 알아보기 위해 실험 대상을 말에서 사람으로 옮깁니다. 먼저 1인이 밧줄을 당겼을 때의 힘을 측정하여 이를 100%로 가정합니다. 그리고 사람을 더 보탰을 때의 힘의 차이를 측정합니다. 산술적으로 가정하여 본다면, 2인일 경우에는 힘의 크기가 200%, 3인일 경우에는 300%로 나와야 할 것입니다. 그러나 가정은 무너져 버립니다. 수레실험에서 말의 수가 증가했을 때 힘의 크기가 감소했던 현상처럼, 사람의 참여가 증가할수록 1인의 힘이 크기가 감소한 것입니다. 결과는 이렇습니다. 2인일 경우에는 93%, 3인일 경우에는 85%, 8인일 경우에는 무려 43%로 감소합니다. 링겔만은 이 실험을 기초로 하여 참여하는 사람들이 증가할수록 1인 참여자들은 자신의 힘을 감소시킨다는 실험 결과를 보고합니다. 이를 링겔만 효과ringelmann effect라고 합니다.

링겔만 효과는 이후에도 다른 연구자들에 의해 반복되어 증명됩니다. '참가자에게 소리를 지르거나 손뼉을 쳤을 때, 참여하는 사람들이 많아질수록 소리를 적게 지르거나 손뼉을 치지 않는다'는 사회심리학자인 비브 라타네이B. Latane의 실험이 대표적입니다. 이러한 연구 결과는 사회적 태만social loafing, 무임승차free-rider, 도덕적 해이moral hazard등을 설명할 때 종종 인용됩니다. 링겔만 효과는 조직의 경영에도 유입됩니다. 생산성을 높이기 위해서는 구성원의 사회적 태만을 관리하여야 하고 이를 위해 매뉴얼과 업무분장, 그리고 인센티브 등의 기법이 제시되었습니다. '과연 그럴까요?' 저는 이 실험에 동의하지 않습니다. 상호작용과 상호수용 그리고 상호인정으로 자유를 가진다는 이제까지의 저의 논리에 반합니다. 자, 이제부터 링겔만 효과에 대해 반론을 제시하겠습니다.

링겔만의 실험은 우리가 상상하듯 사람을 대상으로 하여 줄을 당기는 줄다리기가 아니었습니다. 링겔만의 실험모형은 이렇습니다. 참여한 사람이 줄을 당기게 되는 반대편 대상은 '사람'이 아니라 힘의 크기를 측정하는 '기계'였습니다. 이것은 매우 큰 차이를 만들어 냅니다. 링겔만 효과의 첫 번째 반론은 '의미'에 관한 것입니다. 당신이 줄다리기의 줄을 당기게 된다면, '사람들과 상대하며 줄을 당길 때 힘을 더 주실 것인가요? 아니면 기계를 당길 때 힘을 더 주실 것인가요?' 사람마다 편차는 있겠지만 참여자에게 있어서 기계를 당기는 행위는 의미 부여의 요소가 크지 않습니다. 반면, 사람하고 줄을 당길 경우에는 자연스럽게 줄을 당겨야 하는 의미가 주어집니다. 반대편에서 당기는 사람과 비교하여 힘이 적다면 그 결과는 끌려가는 것으로 인정됩니다. 자신의 자리에서 강제로 이탈되어 끌려가야 합니다. 끌려가다 때론 넘어지고 주저앉을 수도 있습니다. 모양새가 우스워집니다. 어찌 되었든 원하는 결과가 아니기에 기분이 좋지 않습니다. 때문에, 열심히 잡아당겨야 하는 의미가 주어집니다. 기계를 당기는 행위는 그렇지 않습니다. 참여자에게 어떠한 이유에 의해서 힘을 써야 하는지에 대해 의미를 부여해 주지 않습니다. 끌려가지도 않을 것이며 그냥 제 자리에 머물 것입니다. 그러하니 굳이 힘을 써야 하는 의미가 없습니다. 의미도 없을뿐더러 유쾌하지도, 즐겁지도 않습니다. 사물이라는 대상을 잡아당기는 행위는 그 이상의 의미를 부여하지 못합니다.

이런 상황에서 '그래도 나에게 주어진 것이니 열심히는 해보자' 하여 '100'이라는 힘을 다 쓴다고 가정합시다. 정말 훌륭한 참여자입니다. 힘들게 잡아당기는 상황에서 1명이 더 참여하려고 합니다. '여러분은 신이 나서 이전과 같은 힘으로 줄을 당길 것인가요? 아니면 힘을 줄일 것인가요?' 이전과 같이 줄을 100%로 당긴다면 정말 훌륭한 참여자라 할 수 있습니다. 반면 '만약 힘을 줄인다고 해서 그것을 사회적으로 태만한 행동이라고 볼 수 있을까요?' 저에게 만약 그러한 실험상황에서 1명이 더 와서 줄을 당겨준다면 제 힘을 뺄 것입니다. 별로 재미도 없고 의미가 없는 행위였기 때문입니다. 그리고 참여자들이 더 늘어날수록 그 힘을 뺄 것입니다. 시간이 갈수록 힘은 빠질 것이고 재미도 없기 때문입니다. 의미도 알 수 없는 상황에서 힘을 쓰고 있는데 누군가 와서 함께 힘을 쓰게 되었을 때 힘을 빼는 것은 합리적인 선택입니다. 왜 당겨야 하는지도 모르는 상황에서 누군가 먼저 당기는 사람이 있었다면, 예상했던 힘보다 덜 쓰는 것도 합리적인 선택입니다. 의미가 주어지지 않는 상황에서 힘을 감소시켰다고 해서 사회적 태만, 무임승차, 그리고 도덕적 해이라고 낙인을 찍는 것은 의도된 실험의 결과에 사람을 맞추어 버린 것입니다.

두 번째 반론은 '방법'에 관한 것입니다. 줄다리기를 잘하는 방법 중에는 서로가 합심하며 일사불란하게 줄을 당기는 방법이 있습니다. 그리고 또 하나의 방법은 줄을 당기는 것이 아니라 줄을 잡고 뒤로 넘어지듯이 눕는 방법이 있습니다. 즉 줄을 당기지 아니하고 참여자들이 줄을 붙잡고 뒤로 넘어지듯 하여 힘을 집중시키는 방식입니다. 이렇게 되면 힘이 분산되지 않을 뿐만 아니라, 팔과 다리의 힘도 오래 유지할 수 있습니다. 반면 반대편에서 줄을 당기는 사람들의 경우에는 시간이 지날수록 힘이 소진되고 분산되면서 제풀에 힘이 풀립니다. 결국 당기는 호흡이 맞지 않게 되어 상대에게 승리를 헌납합니다. 만약 링겔만이 참여자들에게 구체적인 줄다리기 방식을 알려주고 참여자들이 동일하게 행동하였다면 힘의 감소는 그리 크지 않았을 것입니다. 의미도 부여받지 못하고 어떻게 행동하여야 하는지 방법도 모른 채, 참여자들에게 줄을 당기라고 한다면 사람들은 열심히 당기지 않습니다. 링겔만 실험의 참여자들은 8명이나 모였지만 각기 저마다의 방법으로 줄을 당겼을 것이니 힘을 더 쓸 수가 없었을 것이고 때문에 힘이 감소될 수밖에 없는 조건이었습니다.

구성원은 본래 훌륭한 존재입니다. 조직에 주어진 사명을 달성하기 위해 참여한 인격적인 존재입니다. 자발적으로 당신의 조직에 함께 하였고 당신은 기꺼이 그들을 뽑았습니다. 조직은 채용된 구성원으로부터 인정되었고 또 그들은 조직으로부터 인정되었습니다. 조직도 훌륭하고 구성원도 훌륭합니다. 이제부터는 인정된 사람들이 열심히 일을 해서 성과를 내면 됩니다. 그런데 일의 의미와 의미를 이루는 방법을 알려주지 않는다면 성과가 나올 리가 없습니다. 자발적 참여자인 구성원이 성과를 내지 못하는 이유가 여기에 있습니다. 구성원은 무임승차자가 아닙니다. 사회의 발전에 공헌하기 위해 조직의 사명에 참여한 멋진 시민이자, 인재들입니다. 그들에게 줄을 당겨야 하는 의미를 부여해 주어야 합니다. 그리고 줄을 당길 때 어떠한 행동을 하여야 하는지도 공유되어야 합니다.

줄다리기는 매우 위험한 경기일 수 있습니다. 손에 물집이 잡힐 수 있습니다. 넘어질 수도 있고 줄이 끊어질 수도 있습니다. 참여자들의 입장에서 볼 때, 의미가 없는 경기에 물집이 잡히길 거부하는 것은 합리적입니다. 언제 끊어질지 모르고 넘어질지 모르는 경기에 사력을 다하지 않고 힘을 빼는 행동은 매우 합리적 선택입니다. 그 어떤 사람도 아무 의미도 모르는 위험한 경기에서 모든 열정과 헌신을 다해 줄을 잡아당기지 않습니다. 줄을 당겨서 그 결과가 무엇이고 그 결과가 어떠한 의미를 부여하는지 공유되어야 합니다. 마냥 당기라고 하는 것이 아니라 어떻게 당겨야 하는지 구체적이어야 합니다. 그리고 최종 선택은 플레이어인 구성원의 몫입니다. 이렇게 의미와 행동이 결정되면 그것을 실행하는 것은 구성원의 선택입니다. 줄을 잡아당기는 당사자는 조직이 아니라 구성원입니다. 링겔만 효과에서 간과하고 있는 것이 바로 이 두 가지입니다. 즉, '의미와 행동'입니다. 그것이 수반되지 않은 상황에서 사람은 힘을 쓰지 않습니다. 이것은 사람의 무능이나 나태함에 원인이 있지 않습니다. 사람은 본질적으로 의미가 있는 일에 자신의 행동을 결정하는 존재이기 때문입니다. 그러므로 의미와 행동을 간과한 링겔만의 효과는 불승인 rejection됩니다.

외진 산골 마을의 곳간에 불이 났습니다. 이 곳간에는 다음 해에 뿌릴 씨앗이 저장되어 있습니다. 또한 곡식을 수확하기 전까지 먹을 수 있는 양식이 보관되어 있습니다. 불이 난 것을 본 마을 주민이라면 누가 설명하지 않아도 불을 꺼야 되는 당위성이 주어집니다. 마을 주민들에게는 '진화', '불을 꺼야 한다'는 단어와 문장들이 자연스럽게 떠오르게 됩니다. 불을 끄기 위해서 119에 신고하면 쉽겠지만 이 곳간은 소방서와 너무나 멀리 떨어져 있습니다. 즉 마을 주민이 직접 불을 꺼야 하는 상황입니다. 불을 꺼야 되는 이유는 모든 주민이 알고 있기 때문에 굳이 의미 부여의 말을 할 필요는 없습니다. 누군가가 외칠 것입니다. "불 꺼, 불이야~" 사람들은 저마다의 방식으로 불을 끄려고 할 것입니다. 태만하거나 무임승차는 없습니다. 아마도 집에 있는 양동이를 가져다가 마을 저수지에서 물을 길어서 불이 난 곳간에다 물을 뿌릴 것입니다. 모든 마을 주민이 그렇게 불을 끄기 시작합니다. 시간이 갈수록 사람들은 힘이 듭니다. 이때 어느 한 사람이 아주 잠깐 쉴 마음으로 땅에 주저앉습니다. 그런데 이를 우연히 본 마을 주민이 이런 생각을 합니다. '자기만 힘든가! 나도 힘든데!' 불을 꺼야 하는 의미 부여가 되어 있어 열심히 불을 끄려 했지만, 저 사람은 열심히 불을 끄고 있지 않고 있다는 생각이 듭니다. 이제 그는 마을 주민이 아닌 객체로 불인정됩니다. 그리고 자신도 아주 잠깐 쉬겠다는 마음으로 주저앉습니다. 이 모습을 누군가가 또 보게 됩니다. 불인정이 확산됩니다. 시간이 갈수록 줄을 당기는 행동이 일치되지 않는 것처럼 양동이에 담는 물은 점차 줄어들게 됩니다. 힘이 드니 자꾸 물을 흘립니다. 결정적으로 너도나도 아주 잠깐만 쉬자는 마음으로 주저 앉아버립니다. 모두가 불인정됩니다. 곳간은 소실되어 마을 자체가 불인정됩니다. 이제 마을을 떠나야 할 처지입니다.

곳간 화재의 사례도 역시 의미와 행동으로 설명됩니다. 진화라는 의미 부여는 설명하지 않아도 마을 주민에게 누구나 되어 있습니다. 그러나 행동은 일치되지 않았기에 서로의 행동은 불인정됩니다. 불을 꺼야 한다는 의미와 동기는 누구나 같지만, 행동이 다르다면 불을 끌 수 있는 확률은 줄어듭니다. 불 끄는 방법을 일치시키는 방법이 있습니다. 불이 난 곳간에서부터 마을 저수지까지 마을 주민들이 일렬로 서게 합니다. 그리고 양동이에 물을 길어 옆에서 옆으로 전달하게 합니다. 마지막에 있는 사람이 물을 붓고 몇 명의 마을 주민들이 빈 양동이를 가지고 저수지까지 달려갑니다. 이런 방법들이 공유되고 행동을 일치시킨다면 마을 주민 모두는 스스로 주체가 됩니다. 서로가 주체로 인정되니 불을 끌 수 있는 확률은 높아집니다.

마을 주민들은 상호작용하고 상호수용하는 공동 운명체입니다. 각자의 역할이 있을 것이며 하나의 삶을 영위하는 이들은 서로를 상호인정합니다. 그런데 화재라는 위험이 닥칩니다. 주민들은 곳간의 화재를 진화

집단의 불인정 과정

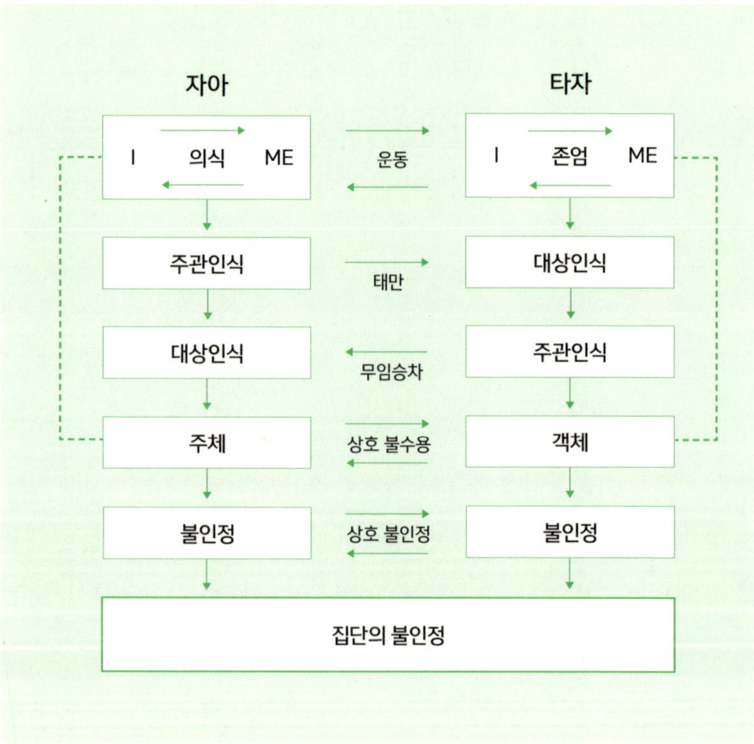

집단의 인정 과정

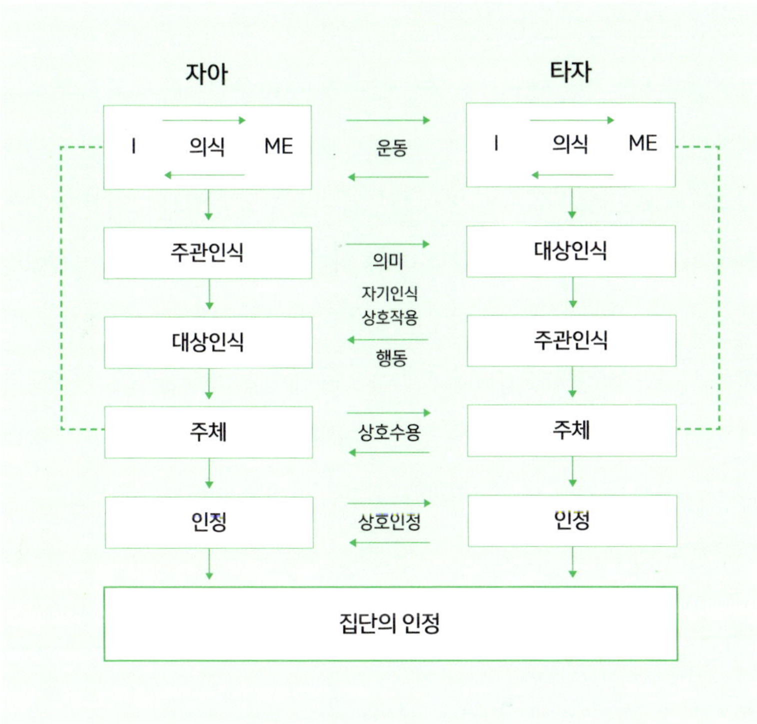

해야 상호인정이 지속될 수 있습니다. 이제 불을 꺼야 합니다. '진화'는 하나의 일치된 가치입니다. 진화라는 가치에 의해 마을 주민들에게 새로운 의미가 부여됩니다. 이제 필요한 것은 자기절제의 행동입니다. 결과적으로 불을 꺼야 마을 주민의 행동은 인정됩니다. 그러므로 마을 주민의 행동 속에서 불을 끄기 위한 투쟁과 절제가 기본적으로 배양됩니다. '투쟁'은 '상호작용'이고 '절제'는 '상호수용'입니다. 상호작용은 마음을 합심하여 불을 끄는 것(투쟁)이고 상호수용은 사력을 다해 모두 열심히 끄고 있다는 믿음(절제)입니다. 하지만 이것을 일관되게 유지하기 위해서는 특별한 방법이 필요합니다. 상호작용하고 상호수용하기 위해서는 일치된 행동이 요구됩니다. 일치된 행동으로 불을 끈다면 마을 주민들은 서로가 인정됩니다. 만약 불을 끄지 못해도 마을 주민들은 인정됩니다. 공통된 의미와 일치된 행동으로 불을 끄려 했기 때문입니다. 조직도 역시 그러합니다. 조직에 위험이 발생합니다. 누구나 다 그 위기를 해결하여야 한다는 의미가 부여됩니다. 그러나 행동의 일치가 공유되지 않는다면 투쟁과 절제 사이에서 시간만 허비하게 됩니다. 조직은 그렇게 갈등하다가 위험을 해결하지 못합니다. 위험을 해결하지 못하니 점차 모두가 불인정됩니다. 마침내는 시장에서 조직이 불인정됩니다. 이것이 조직에서 인정되어야 하는 행동의 중요성입니다.

조직의 언어는 행동이다

단어單語는 권력자의 언어이며 행동行動은 구성원의 언어입니다. 그 가운데 '음성'이라는 언어가 있습니다. 단어는 해체되어 행동으로 규명되고 음성으로 전달되어야 합니다.

언어言語란 메시지를 교환하는 방법이고 사람이 동물들과 구분되는 특징입니다. 언어의 교환이 원활하면 소통이 잘 된다고 하고 그렇지 않으면 불통이라 합니다. 이러한 언어는 단어, 음성, 행동으로 이루어집니다. 대개 경우는 언어의 영역에서 단어와 음성만을 중요시하고 행동은 중요하지 않은 것으로 치부합니다. 우리가 메시지를 주고받는 목적은 타자에게 기대하는 행동이 있기 때문입니다. 지각하고 사고한 바를 음성과 단어로 타자에게 전하는 것은 궁극적으로 어떠한 행동을 요구하기 위함입니다. 행동을 언어의 영역으로 생각하지 않는 것은 행동이 메시지로 교환되기가 불편하고 기록되지 않기 때문입니다. 하지만 메시지의 교환이 잘 이루어졌는지를 최종 확인되는 것은 언어의 영역 중 행동입니다. 즉 기대되는 행동을 요구하기 위하여 단어와 음성이 사용되는 것입니다. 물론 몸짓, 손짓, 표정 등을 몸짓이라 해서 언어의 영역으로 보기도 합니다. 다만 행동이라 명명하지 아니하고 보디랭귀지라 하여 음성과 단어로 해결할 수 없는 상황에서의 보조적 역할로만 이해합니다.

우리는 기대되는 무엇인가를 얻기 위해 단어와 음성으로 메시지를 보냅니다. 예를 들어 편지를 씁니다. 보고서를 제출합니다. 그리고 어떤 식으로든 음성으로 된 피드백이 오갑니다. 메시지가 잘 전달되었는지에 대한 확인을 수신확인이나 결재도장으로 이해합니다. 하지만 편지와 보고서를 보내는 이유는 수신확인이나 결재가 아니라 기대되는 행동을 요구하는 것이 목적입니다. 행동이란 것은 언어의 영역에서 소통의 결과를 가늠할 수 있는 중요한 영역입니다. 하지만 아쉽게도 언어 영역에서의 행동은 크게 다루어지지 않고 있습니다. 일례로 수많은 소통과 관련된 교육을 들어 보아도 행동의 영역을 다루지 않고 있습니다. 타자에게 기대되는 행동을 얻어내고자 어떻게 말할지, 어떻게 쓸지를 배웁니다. 그렇다면 당연히 어떻게 행동하여야 하는지도 배워야 합니다. 하지만 행동의 영역은 비중이 있게 다루지 않고 학습자의 몫으로만 남겨집니다. 때문에, 메시지로 전달은 하지만 기대되는 행동이 나오지 않으니 결과적으로는 불통이라고 인식합니다.

'사람과 사람이 서로에게 영향을 주는 언어의 요소들은 그 영향력이 서로 다르다'라는 메라비언의 법칙law of mehrabian이 있습니다. 대화에 있어서 대상을 인식하는 이미지는 시각이 55%, 청각이 38%, 말의 내용은 7%에 불과하다고 합니다. 여기에서 시각은 행동의 영역이며, 청각은 음성의 영역, 말의 내용은 단어의 영역입니다. 이 법칙을 준용한다면 언어에 있어서 단어나 음성보다는 55%의 시각으로 확인되는 행동이 중요하다고 할 수 있겠습니다. 즉 말과 단어, 음성보다는 행동에 의한 맥락context이 언어에 의한 결과를 좌우합니다. 그러므로 아무리 좋은 단어와 음성으로 메시지를 전달해도 최종적으로 행동이 확인하지 않으면 55%는 불통이 됩니다. 우리는 너무나 행동의 영역을 간과합니다. 단어와 음성의 전달에만 치중하고 행동은 거의 다루지 않습니다. 한번 생각해 봅시다. 조직에서 갈등이 일어난 경우, '언어와 음성의 영역에서일까요? 아니면 행동의 영역일까요? 아마도 행동의 영역에서 55%, 말과 음성의 영역에서 45%의 갈등이 일어나지 않는지요? 말과 단어로 의미를 전달하는 것은 기대되는 행동을 요구하는 것입니다. 그런데 행동은 다루지 않고 타자의 몫으로만 남겨둡니다. 타자는 말과 단어로 의미를 전달받았고 이해했기 때문에 행동을 합니다. 자신의 주관에 의한 행동일 것입니다. 메시지를 전한 사람의 주관으로는 타자의 행동을 이해할 수 없습니다. 각자의 주관은 다르기 때문입니다. 타자는 자신의 인식과 경험을 총동원하고 자신이 주관대로 말과 단어를 해석했을 것입니다. 그리고 해석한 바대로 판단하고 결정하고 행동을 선택합니다. 하지만 그 행동을 인정받지 못합니다. '말귀를 못 알아듣는 사람, 제대로 설명도 못 하는 사람'으로 서로를 불인정합니다. 더 설명해 보겠습니다.

단어는 행동의 집합체입니다. 행동의 집합체인 단어를 음성으로 전달합니다. 예를 들어 '식사'라는 단어에는 '밥을 먹는다'라는 한 가지의 의미만 있는 것이 아닙니다. 우리는 밥 먹었어?' '네 밥 먹었습니다'라고 매우 단순하게 음성과 단어로 서로에게 메시지를 전달하지만, 그 안에는 여러 의미를 내포하고 있습니다. 대화가 된 듯 하지만 자세하게 들여다보면 말의 내용인 7%만 이해되었을 뿐입니다. 밥을 먹는다는 '식사'에는 비벼 먹는 비빔밥, 상차림의 백반, 끓여 먹는 죽, 비빔면과 냉면 등이 있습니다. 메뉴에 따라서는 수저, 나이프, 포크 등이 다양하게 사용될 것이고 간단한 브런치에서부터 혼밥, 회식까지 이 모두를 통칭하여 '식사'라는 단어에 집어넣어 버립니다. 밥을 먹는다는 것도 먹기 전의 결정부터 조리하는 과정, 또는 주문과정, 밥이 나왔을 때부터 다 먹을 때까지 수많은 행동들을 담고 있습니다. 이 행동들을 '식사'라는 단어 안에 모두 집어넣고 서로의 메시지를 제대로 교환했다고 판단합니다. 사실은 각자의 주관에 의해 밥을 먹은 행동을 서로 다르게 이해하면서 말입니다.

여기 '혁신'이라는 단어가 있습니다. 혁신은 새로움과 변화의 의미만 내포하지 않습니다. 또 다른 이면에는 수고스러움, 버림, 헌신 등을 요구하는 행동을 포함합니다. '사랑'이라는 단어는 애틋함, 간절함, 그리움 등의 의미를 내포하지만, 그 이면에는 헤어짐, 참음, 도움이라는 행동을 포함합니다. 식사든 사랑이든 우리가 사용하는 모든 단어 안에는 수십 가지의 행동이 집약되어 있습니다. 이러한 행동의 집합체인 단어가 사람과 사람 사이에서 관계를 이어주는 음성으로 전달됩니다. 만약 단어나 음성의 교환에서 오역이 발생할 경우, 관계의 영역에서 갈등이 생깁니다. 이 갈등이 조직으로 들어가면 갈등이 증폭됩니다. 조직의 리더가 신년사에서 이렇게 말합니다. "올해도 열심히 합시다"하며 '열심'이라는 단어를 음성으로 전달했습니다. 이 '열심'이라는 단어에는 여러 의미가 내포되어 있습니다. 구성원은 각자의 경험과 지식에 따라 해석을 달리합니다. 리더는 어떤 의미에서 '열심'이라는 단어를 선택했을까요? 구성원은 그 '열심'이라는 단어를 어떻게 해석할까요? 자신이 가진 경험과 인식의 배경 안에서 각자의 주관대로 이해합니다. 그리고 이해하는 바에 따라 선택하고 행동합니다. 작년에도 열심히 했으니 올해도 그만큼만 하겠다는 구성원이 있을 수 있습니다. 하지만 리더 입장에서는 작년에 조금은 아쉬운 점이 있었기 때문에 열심히 하자고 독려한 것입니다. 1년 후에 알게 됩니다. 리더가 말하는 '열심'과 구성원이 이해하는 '열심'은 전혀 다른 행동이었습니다.

리더가 열심히 하자고 하였으니 구성원은 각자 나름대로 열심히 합니다. 그리고 한 해가 다 가고 인사평가의 자기 평정란의 5점 척도에 '5점'을 부여합니다. 자신을 스스로 바라보았을 때 작년만큼 열심히 하였기 때문입니다. 그러나 상급자는 3점을 줍니다. 상급자가 생각하는 '열심'은 아니었기 때문입니다. 최종 결과를 받아 본 구성원은 분노합니다. 열심히 해도 인정받지 못했기 때문입니다. 여기까지는 그래도 이해가 됩니다. 더 분노하게 되는 것은, 나보다 열심히 하지 않은 동료가 최우수 직원이 됩니다. 그 동료보다 자신이 더 열심히 하였다고 생각하지만 기대한 결과가 아닙니다. 결과에 대해 자신을 스스로 불인정합니다. 최우수 직원의 열심도 불인정합니다. 그렇게 평가한 상급자도 불인정되니 조직의 모든 것이 불인정됩니다. 이 모든 일이 '열심'이 불러온 결과입니다. 자신이 얼마나 열심히 일하는지를 조직이 모른다고 인식하는 구성원은 그 '열심'을 대체하려고 하지 않습니다. 리더와 상급자가 생각하는 '열심'이란 것이 무엇인지 알 수 없기 때문입니다. 이제 자신의 '열심'은 서서히 감소되거나 제거됩니다. 그다음 해에 조직의 리더가 이렇게 말합니다. "작년 한 해 열심히 해 주어서 참 고맙습니다. 올해도 열심히 합시다!" '열심'이라는 단어가 음성으로 전달되지만 어떠한 행동을 해야 할지는 본인의 판단으로 여전히 남게 됩니다. 조직 갈등의 발화지점은 단어입니다. 그리고 끊임없이 단어를 전달하는 음성에 의해 옮겨 붙습니다. 최종적으로 갈등이 폭발하는 지점은 행동의 영역입니다. 열심히 고생한 것은 행동인데 핀잔을 듣는 것도 행동이 됩니다. 행동만 불쌍합니다. 각기 달리 인식하는 단어 안에 행동이 규정되다 보니, 결국 일이 일어나는 행동의 영역에서 갈등이 증폭됩니다. 소통 부재, 불통이 발견되는 지점은 단어나 음성이 아닌 행동의 영역입니다. 단어의 구체적인 행동을 정의하지 않은 채 음성으로 전달되다 보니 조직의 목표를 달성하기 위해 시도되는 수많은 선의의 행동은 오히려 갈등이 되어 버립니다. 건강한 행동을 기대하며 음성으로 전달된 단어에 의해서 벌어지는 조직 갈등의 단면입니다.

사회적 태만을 다룬 링겔만 효과에서 사람이 늘어날수록 생산성이 감소하는 원인은 여기에 있습니다. "혼자서 물건을 끌어당길 때 100%의 힘을 쓰는 데 반해 사람이 증가할수록 93%, 85% 이렇게 감소한다. 8명이 참가하는 경우에 48%까지 감소하는 것은 사회적 태만이 작동하기 때문이다"라는 이 법칙에 저는 동의하지 않음을 밝힌 바 있습니다. 링겔만 효과의 논리는 조직에서 오남용되고 있습니다. 이 법칙의 신봉자들은 '사회적 태만에 의한 무임승차를 해결하기 위해서는 매뉴얼을 만들고 체계화된 업무분장이 되어야 한다. 이러한 규정을 만들고 인센티브와 패널티 제도가 필요하다'고 주장합니다. 하지만 링겔만 효과는 단어와 음성에 의해 메시지를 전달하는 과정에서 벌어진 편향의 산물입니다. 단어에 숨겨진 정확한 의미와 그 단어를 완수하기 위한 행동을 협의하고 합의해 주기만 한다면 링겔만 효과는 성립되지 않습니다. 링겔만이 줄을 당겨야 하는 이유와 의미를 제대로 설명해 주었다면 참여자들은 그렇게까지 힘을 빼지 않았습니다. 그러나 이 실험은 기계에 걸린 줄을 당기는 것에서 의미를 발굴하기가 쉽지 않습니다. 사기꾼이나 조직폭력이 아니라면 세상에 의미가 없는 일은 없습니다. 하지만 링겔만은 의미를 설명하지 못했습니다. 애초부터 실험의 목적은 '수레를 끄는 말들의 태만이 사람에게도 일어날 것'이라는 실험가설을 확인하는 것이었습니다. 만약 실험 의도를 설명하는 순간, 의도한 실험결과를 얻지 못합니다. 때문에, 뒤로 누워서 줄을 잡아당기는 일치된 행동도 설명할 수 없습니다. 의미와 행동을 얻지 못한 참여자들이 힘을 쓰지 않는 것은 당연합니다. 일의 의미도 모르겠고 각자 알아서 일하여야 하는 구성원이 열심히 일하지 않은 것도 당연합니다. 사람들은 참여자와 구성원이 비합리적인 선택을 했다고 비난할 수 있겠지만 그들의 입장에서는 매우 합리적인 선택입니다.

다시 언어에 대해 살펴봅시다. 언어는 단어, 음성, 행동으로 이루어집니다. 여기에서 단어는 지각知覺 perception인 인지의 영역입니다. 그리고 수백 가지의 각자가 인식한 인지적 의미를 내포하고 있습니다. 음성은 감각感覺 sensation이며 정서의 영역입니다. 그 단어를 음성으로 전달할 때 정서가 영향을 줍니다. 오감으로 얻어진 정서는 메시지를 주고받는 교환 과정에서 당시의 상황이나 감정 등에 의해 메시지를 왜곡할 수 있습니다. '자, 밧줄을 열심히 당기세요.'라는 지각인 단어인 '열심'과 감각인 음성인 '당기세요'로 이루어진 주문은 오해와 갈등을 내포할 수밖에 없습니다. 일이라는 것은 사람과 사람 사이의 관계에서 실제적인 행위가 일어나는 행동의 영역입니다. 우리는 이 행동에 대해서 구체적으로 기술하지 않습니다. 각자가 인식한 지각과 감각에 의해 각자의 주관대로 선택하게 되면 서로에게 기대하지 않았던 행동, 서로에게 반하는 행동이 나옵니다. 그러하니 문제의 원인은 단어와 음성이겠지만, 갈등의 폭발은 행동에서 나타나게 됩니다. 감각과 지각의 인식은 한계가 있습니다. 우리가 경험으로 감각하는 것은 착각의 위험이 있습니다. 감각으로 얻어진 지각의 경험은 편향과 사고의 한계가 있습니다. 이렇게 오류가 있을 수 있는 감각인 말과 지각인 단어로 타자에게 전달한다면 인식의 오류가 발생할 수밖에 없습니다.

여기 '인권'이라는 단어가 있습니다. 인권은 선하고 좋은 것입니다. 인권을 음성으로 전달합니다. "인권을 지키자!" 인권을 어떻게 지키자는 것일까요? 감각되지 않는 인권을 지각으로 표현한 경우입니다. 사람은 어쩔 수 없이 각자의 경험과 인식의 범위 안에서 행동을 선택합니다. 그런데 타자의 입장에서 보면 원하거나 기대했던 행동이 아닙니다. 각자가 인권을 지키기 위해 나름대로 행동을 선택하지만, 그 행동이 구체적으로 협의가 이루어지지 않은 이유로 갈등이 벌어집니다. 갈등을 해소하기 위해 인권을 지키자고 한 것인데 인권으로 인해 갈등이 생겨버린 모순입니다. 모든 갈등이 그러합니다. 단어와 음성이 각자의 인식 안에 뒤섞여져 있기 때문에 행동의 영역에서 갈등이 벌어집니다. 인권의 의미는 수백 가지의 권리와 관련된, 사람을 위한 선하고 좋은 행동들의 집합체입니다. 그것이 '인권'이라는 단어 안에 갇혀 있습니다. 마치 '식사'와 '혁신' 그리고 '열심'이라는 단어들처럼 말입니다. 바벨탑이 무너졌습니다. 신이 사람의 '말'을 뒤섞어버려서 사람들이 갈등했기 때문이라고 전해집니다. 뒤섞인 '말'을 후대後代는 단어와 음성만으로 이해해 버립니다. 아닙니다. 바벨탑이 무너진 본질은 행동의 영역에서 갈등이 폭발했기 때문입니다. 우리는 단어와 음성 이전에 행동에 집중해야 합니다. 조직의 갈등을 설명할 때, 조직의 소통을 이야기할 때, 단어와 음성만이 아닌 행동에 주목해야 하는 이유입니다. 단어는 권력자가 주로 활용하는 언어입니다. 권력자는 단어에 숨겨진 의미를 해석하는 힘을 선호합니다. 단어를 해석하는 자에게 권력이 주어지기 때문입니다. 사람들은 그 권력자의 해석을 기다려야 합니다. 반면 행동은 모든 구성원이 선호하는 언어입니다. 행동은 사람들과의 관계의 영역이자 실천의 영역입니다. 그리고 실제 '일'이 일어나는 현장의 언어입니다. 무엇보다도 인정의 언어입니다. 사람은 말과 단어보다 행동으로 인정됩니다.

행동이 인정되기 위해서는 단어가 해체되어야 합니다. '자신이 인식하는 그 단어가 다른 사람에게는 같은 의미가 아닐 수 있다'라는 명제에 동의해야 합니다. 조직의 구성원이 모여 그 단어가 어떤 행동의 집합체인지를 규명하여야 합니다. 단어에서 기대되는 행동이 무엇인지를 협의합니다. 그리고 협의가 이뤄진 행동을 조직의 규범으로 합의합니다. 최종적으로 단어와 음성으로 전달합니다. 그리고 행동합니다. 단어와 음성이 지목하는 기대되는 행동이 무엇인지를 인식하니 행동에 의한 갈등을 잘 다루게 됩니다. 해석의 권력이 소수의 권력자에서 다수의 구성원에게 이양移讓되니 기다리지 않아도 되고 눈치를 보지 않아도 됩니다. 행동은 눈에 보이니 즉각적으로 촉진할 수 있습니다. 조직과 구성원이 행동을 정의하니 행동이 인정됩니다. 인정된 행동이 조직을 촉진하기 시작합니다. 조직의 진정한 촉진은 단어와 음성이 아닌 행동입니다.

가치와 규범을 실행하는 행동

100여 년 전의 조직에는 정말이지 아무것도 없었습니다. 그저 일work(과업)이 주어졌을 뿐입니다. 일을 하는 의미도, 일을 하는 방법도 정해진 것이 없었습니다. 단순히 먹고 살기 위해서 그리고 열심히 일하는 것이 조직의 존재와 일하는 이유를 설명하였습니다. 오직 '열심히 일하는 것'이 일을 잘하는 사람으로 인정되었습니다. 그러나 조직에서 주어진 일만 하다 보니 그곳에서 일하는 사람들은 어쩌면 '노예'와도 같았습니다. 노예였지만 불행하지는 않았습니다. 일을 통해 가족들이 먹고사는 거룩함이 있었으며 자신의 존재를 가족과 마을로부터 인정받았습니다. 노예와 같은 삶이었지만 거룩한 존재였습니다.

테일러Frederick W. Taylor는 여기에 질문을 던졌습니다. '좀 더 제계적으로 일하면 생산성이 높아지지 않을까?' 그는 시간과 동작을 분석하고 매뉴얼과 인센티브 제도를 고안해냈습니다. 전문화를 위해 일을 분업화하였습니다. 그랬더니 성과도 올라가고 생산성 향상이 뚜렷해졌습니다. '조직의 규정을 잘 지키면서 열심히 일하는 사람'이 일을 잘하는 사람으로 인정되었습니다. 탁월한 조직의 성과가 있었습니다. 체계적이고 과학적으로 일을 하니 더 이상 노예의 삶은 아니었습니다. 하지만 주어진 대로 일을 해야 했기에 기계와도 같았습니다. 거룩한 존재라는 사실은 변하지 않았습니다. 다만 노동의 제공과 생산량에 따라 보상의 정도가 달라졌습니다. 사람은 보상받는 정도에 따라 공장과 가족으로부터 다르게 인정되었습니다.

세월이 지나면서 먹고 사는 문제도 해결되었습니다. 사람들의 의식 수준도 이전과는 달라졌습니다. 감각에서 지각의 수준으로 높아졌습니다. 그러자 사람들은 단순히 '열심히 규정대로 일'하는 것만으로 만족할 수 없었습니다. 자신이 일을 하는 이유가 궁금해졌습니다. 더 이상 노예와 기계처럼 일하는 것을 거부하였습니다. 사람들은 자신이 일을 하는 이유, 이 세계와 조직, 그리고 자신을 이해하고 싶었습니다. 처음에 사람은 생계와 생존을 위해 일을 해야만 했습니다. 그렇게 일을 하다 보니 궁금해지기 시작합니다. '고생스러운 이 일을 하는 이유가 무엇일까?' 일의 의미에 대한 답을 찾는 것으로 사람의 존재에 대한 근원적 질문이 시작됩니다. 만약 일을 하는 의미를 발견하지 못하면 사람의 일은 고생스러운 것으로만 남습니다. 일이 불인정됩니다. 불인정은 동기와 생산성을 저하시킬 것입니다. 사람들의 질문에 조직은 답을 내어야 했습니다. 그래서 만들어진 것이 '미션'입니다. 조직이 존재하는 이유인 미션과 자신이 일하는 이유를 연결함으로 생산성을 유지하게 됩니다.

현대의 조직에서 작동하고 거대한 틀인 '규정과 미션'의 출발은 결국 '일'을 더 잘하고자 함에 있습니다. 그렇다면 규정이 먼저가 아니고 일이 먼저이어야 합니다. 미션이 먼저가 아니고 일이 먼저이어야 합니다. 안타깝게도 오늘날의 조직은 일이 우선이 아니라 미션과 규정이 먼저가 되어 버렸습니다. 주객이 전도되었습니다. 오늘날의 사회는 먹고사는 일이 해결되었기에 당장에 일을 하지 않아도 됩니다. 보상을 많이 받든 적게 받든, 먹고 사는 것은 해결되었으니 성과도 별로 중요하지 않습니다. 굳이 직장에서 일을 하지 않아도 삶의 의미를 발견할 수 있습니다. 그런데도 조직은 미션을 만들기 위해 일을 하고, 규정을 지키기 위해 일을 만들어 냅니다. 미션과 규정이라는 것이 일을 하는 의미를 설명해 내는 것이 아니라 오히려 고된 일이 되었습니다. 어쩌면 현대사회의 구성원은 미션과 규정에 종속되어 노예와 기계의 삶으로 회귀하고 있는지도 모릅니다. 오늘날 멋지고 체계적인 미션과 규정이 만들어졌음에도 불구하고 조직 갈등과 생산성이 저하되는 이유입니다. 미션과 규정이란 것이 일을 위해 작동하는 것이 아니라 오히려 일이 미션과 규정을 위해 작동합니다. 미션과 규정, 그리고 일을 강력하게 연결시켜 줄 수 있는 무엇인가가 필요합니다. 일 본연의 본질로 돌아가야 합니다. 비록 노예와 기계의 삶이었지만 나를 인정받게 해주었던 그 거룩한 일(과업)로 돌아가야 합니다. 그 일을 통해 거룩한 존재라는 것이 확인되어야 합니다.

미션과 규정, 그리고 일

구 분	미션	일	규정
시스템	방향의 영역 →	행동의 영역	← 제도의 영역
인식 차원	의식의 영역 →	선택의 영역	← 명령의 영역
본질 차원	이상理想 →	사람人間	← 사물事物
	↓	↓	↓
매개媒介	가치 →	자유	← 규범

본연의 일의 의미를 찾아내는 방법은 '자유'를 드러내는 것입니다. 위의 표를 참조하면서 설명하겠습니다. 방향과 제도, 그리고 행동이 어우러진 것을 시스템이라고 정의定義합니다. '행동의 영역'은 일(과업)이며, '방향의 영역'은 미션, '제도의 영역'은 규정입니다. 흔히들 미션인 방향의 영역과 규정인 제도의 영역만으로 조직의 시스템을 이해합니다. 시스템에 대한 오해입니다. 시스템의 목적은 사람의 행동에 있습니다. 각기 다른 사람들의 행동(일)을 방향(미션)과 제도(규정)를 고려하여 정렬시키는 것이 조직의 시스템입니다. 미션과 규정이 일을 위해 만들어진 것처럼 미션이라는 방향의 영역과 규정이라는 제도의 영역은 일의 행동의 영역과 관계됩니다. 인식적 차원으로 보자면 미션은 방향을 인식하는 '의식의 영역'이며 규정은 제도의 이행을 인식하는 '명령의 영역'입니다. 의식과 명령의 영역은 사람이 일을 하는 데에 있어 행동을 '선택'하는 기준이 되므로 '선택의

영역'과 관계합니다. 즉 사람은 의식과 명령에 의해 인식한 바를 선택합니다. 본질적 차원에서 보자면 미션의 본질은 이상입니다. 그리고 일의 본질은 사람이고 규정의 본질은 사물입니다. 본질인 이상과 사물은 미션과 규정에 의해 사람에게 영향을 줍니다. 관계를 맺어주는 매개의 설명은 다음과 같습니다. 미션의 방향, 의식, 이상은 '가치'를 매개로 하여 조직에서 실현됩니다. 제도와 명령, 사물이라는 규정의 매개는 '규범'으로, 일의 행동과 선택, 사람의 매개는 '자유'로서 조직에서 실현됩니다.

오늘날, 일을 '잘'하기 위해서는 미션과 규정을 고려해야 합니다. 그런데 방향이 모호합니다. 일을 잘하려고 하는데 제도가 일을 억압합니다. 의식을 하고 명령을 기다립니다. 사람은 선택을 해야 합니다. 그런데 모호함과 억압 때문에 선택하기가 곤란합니다. 일을 할 때 방향을 의식하고 제도의 명령을 이해하는 것이 능동적 행동입니다. 반대로 방향이 어디인지 의식하지 못하고 제도의 명령만을 기다리고 있다면 수동적 행동입니다. 오늘날 미션과 규정이 있지만, 그것이 사람의 일의 의미를 설명하지 못하는 이유는 행동을 수동적으로 다루기 때문입니다. 방향과 제도에 행동을 맞추라고 강요하고 있습니다. 행동이 스스로 선택하지 못하고 미션과 규정에 지배를 받는 이유는 방향과 제도, 미션과 규정이 실현되는 일 속에서 '행동'과 '선택'의 영역의 '사람'의 '자유'가 허용되지 않기 때문입니다. 사람은 일을 '잘'하고 싶어 합니다. 일을 '잘'하기 위해서는 스스로 선택할 수 있어야 합니다. 행동의 선택은 사람의 '자유'가 우선적 조건이어야 합니다. 시켜서 잘하는 것은 노예와 기계입니다. 노예와 기계는 자유가 없습니다. 사람은 스스로 선택한 일에 대해 과정과 결과에서 인정받고 싶어 합니다. 그러나 미션과 규정은 그 선택이 합리적이었는지 설명해 주지 못합니다. 미션은 방향의 영역이기 때문입니다. 방향만을 가리킬 뿐 구체적으로 설명하지 않습니다. 그렇다고 규정이 설명해 주지도 않습니다. 규정은 선택과는 다른 명령의 영역입니다. 이 사이에서 행동은 매우 혼란스럽습니다. 스스로의 자율적 선택으로 행동을 해야 하지만 머뭇될 수밖에 없게 됩니다. 자유롭지 않으니 이상에 기대고 사물에 의존하게 됩니다.

예를 들어 '사회공헌'을 조직의 미션으로 선포하였다고 가정해 봅시다. 사회공헌이라는 미션을 구체적으로 실현하는 가치는 무엇인지에 대한 고민이 시작됩니다. 사람마다, 구성원마다 사회공헌의 방향과 의식의 범위가 다릅니다. 다름은 좋은 것입니다. 자유로운 개인들이 자신의 의식의 범위 안에서 각자의 가치에 의해 행동을 선택할 것입니다. 이것을 조직에서 정렬해주지 않으면 여러 가치가 개인별로 파편화될 수 있습니다. 서로가 이해하지 못하는 개인적인 행동들이 나타납니다. 이 문제를 극복하기 위해 비전을 설정하지만, 비전은 미래의 기대되는 상황이지 파편화된 방향과 의식을 정렬해주지 못합니다. 이런 이유로 사회공헌을 실현하기 위한 가치를 조직에서 정렬해야 합니다. 이것을 '핵심 가치shared value'라고 합니다. 예를 들어 사회공헌이라는 미션을 달성하기 위한 전략을 '사회문제 해결, 소비자의 권익, 노사파트너십'이라고 정했다고 가정합시다. 그렇다면 이 전략을 실현하기 위한 구체적인 계획이 있어야 합니다. 대개의 조직은 사업계획으로 정리합니다. 그러나 저는 전략을 실현하기 위한 '가치'를 설정하는 것이 더 중요하다고 봅니다. 사업계획은 또 하나의 문서화된 규정과도 같지만, 가치는 미션의 '방향과 의식, 이상'을 사람의 '행동과 선택의 자유'로 연결하는 매개이기 때문입니다.

좀 더 설명해 보겠습니다. 사회공헌을 실현하기 위한 세 가지 전략에서 '·해결 ·권익 ·협업'이라는 키워드를 핵심 가치로 설정했다고 가정합시다. 이제 이 세 가지의 핵심 가치가 일의 영역에서 일어나야 합니다. 즉 사람이 '가치'를 갖고 일의 영역에서 행동하고 선택해야 합니다. 그런데 쉽지 않습니다. 도대체 저 가치들이 어떤 의미를 말하는 것인지에 대해 사람마다 해석이 다릅니다. 이런 이유로 가치를 일의 영역에서 실천하기 위한 구체적인 행동이 필요합니다. 한편 규정의 영역에서도 사회공헌을 위한 제도를 마련하여 명령하려 할 것입니다. 그런데 이 제도와 명령은 일의 영역에서 구체적인 행동으로 들어내는 것까지 다루기 곤란합니다. 이때 필요한 것이 사회공헌의 행동양식을 정한 '규범'입니다. 이 규범은 미션의 방향과 의식, 이상의 매개인 가치와 관계하며 가치를 실현하기 위한 구체적인 행동들을 담게 됩니다. 이를 '행동규범code of conduct'이라 합니다. '미션'이라는 '방향과 인식의 영역'은 '가치'로 연결되고 '규정'이라는 '제도와 명령의 영역'은 '규범'으로 연결되어 일의 영역인 사람의 선택과 행동에 영향을 줍니다. 이제 시스템이 사람의 '자유'에 의해 작동됩니다.

사람의 자유가 일의 영역에서 드러난 이유는 가치와 규범을 만드는 과정에서 구성원이 참여하였기 때문입니다. 가치와 규범은 위에서 내려주는 것이 아니라 참여함으로써 밑에서부터 올라가는 것입니다. 참여에 의해 협의되고 합의된 가치와 규범을 지키면서 일의 영역에서 행동을 합니다. 판단과 의사결정도 특정한 사람에게 맡겨진 것이 아니라 가치와 규범을 통해서 합니다. 규범을 지키는 선에서 판단하고 행동함으로 비난하지 않습니다. 가치와 규범은 조직의 최고 리더에서부터 신입사원까지 모두 지키는 것입니다. 모두가 가치와 규범 하에 자유롭고 평등합니다. 때문에, 일의 영역에서 '자유'가 매개가 됩니다.

더 구체적인 예를 들어 보겠습니다. 기업의 사회적 책임Corporate Social Responsibility을 미션으로 정했다고 가정합시다. 이제 CSR을 실천하는 구체적인 가치가 필요하게 됩니다. CSR 경영이 쉽지 않았던 것은 CSR을 실천하는 핵심가치의 스펙트럼이 너무 넓었다는 것입니다. 그러다 보니 기업마다 가치의 선택기준이 다르게 되어 CSR분야가 파편화되었습니다. 기업 스스로가 사회적 책임 경영을 다하고자 하지만, '무엇이 사회적 책임일까'에 대해 기업마다 내놓는 답이 다르다 보니 확장성이 떨어져 버립니다. 2000년대 초반 CSR 유행이 지나고 2020년대에 ESG경영이 대세가 되었습니다. ESG는 환경environmental, 사회social, 협치governance를 의미합니다. 즉 기업이 추구하는 가치들이 모두 중요하겠지만 이 세 가지의 가치가 정말 중요하다고 보는 관점이 바로 ESG경영입니다. 여러 가치 중에서 세 가지를 확정해 버렸으니 조직의 입장에서는 나아갈 방향이 명확해집니다. 많은 조직이 ESG를 다루게 되니 서로 비교하기도 좋고 평가하기에도 유익합니다. 가치가 아예 확정되어 제시되니 다음 단계로 나아가기도 용이합니다. 시간이 절약되니 효율성도 좋아졌습니다. 조직마다 ESG경영을 실천하기 위한 방법들을 고민하고 있습니다. 하지만 아쉽게도 ESG의 전략들만을 고민하고 있습니다. ESG경영을 전략적으로 실천하기 위한 구성원의 가치와 행동에 대해 고민되어야 합니다. 오늘날의 조직은 미션과 비전, 그리고 전략은 탄탄합니다. 하지만 전략을 실천하기 위한 행동은 여전히 각자의 판단과 결정에 맡겨버립니다. 방향과 제도만 다루고 행동은 다루지 않고 있습니다. 행동은 일의 영역입니다. 정작 일의 영역인 행동을 다루지 않는다면 일이 잘되지 않습니다. 각자의 경험과 지식을 바탕으로 판단하고 결정함으로 갈등의 소지가 있습니다. 거창한 계획과 인프라가 있지만 일이 잘되지 않는 이유, 조직 갈등에 의해 일이 진전進展하지 못하는 것은 가치와 규범을 다루지 않고 있기 때문입니다. 사람마다 기준이 다르니 행동이 자유롭지 않게 되고 결국 시스템이 스스로 작동하지 않습니다.

'좋은 직장'이란 어떤 직장을 의미하는 것일까요? 여러 기준이 있겠지만 '좋은 동료'가 있는 직장이지 않을까요? 그렇다면 좋은 동료란 어떤 동료일까요?' 이도 역시 여러 기준이 있겠지만 좋은 동료란 '일 잘하는 동료'입니다. 그러하니 좋은 직장이란 일을 잘하는 동료가 많은 곳입니다. '그렇다면 일을 잘한다는 것은 어떤 의미일까요?' 모두 '일잘러'와 일하는 것이 좋은 직장이라는 것에 공감하지만 문제는 일을 잘한다는 것에 대해서는 서로의 인식들이 다릅니다. 여기에서부터 갈등이 시작됩니다. 동료가 일을 잘한다는 것은 앞서 말한 두 가지라고 정의할 수 있겠습니다. 바로 방향과 제도입니다. 서로 같은 방향을 바라보고 있으며 제도를 준수하는 사람이 일을 잘하는 사람입니다.

'좋은'과 '잘'의 구분은 행동의 영역에서 결정됩니다. 아무리 일을 잘해도, 나와 방향이 같고 규정을 준수한다고 하더라도 내가 생각하는 행동과 다르면 갈등하게 됩니다. 모든 일은 결국 행동에서 이루어지고 행동에서 관계하며, 행동이 이해되어야 일을 잘 할 수 있기 때문입니다. 그리고 그 행동을 서로가 인정할 때 조직의 방향과 제도를 인정할 수 있습니다. 결국 이 모든 과업, 방향과 제도, 그리고 가치와 행동이 시스템으로 작동될 때 구성원 서로가 존중하는 인정이 이루어질 것입니다. 가치와 규범은 행동의 영역을 다룹니다. 방향이라는 인식의 영역과 제도라는 명령의 영역에서 조직의 구성원은 미션과 규정에 따라 행동을 선택해야 합니다. 하지만 이것을 개인의 몫으로 남겨둔다면 개인마다 파편화된 가치와 행동으로 조직이 갈등하게 됩니다. 그렇다면 이것을 공동체 속에 정렬시켜주어야 하며 이로써 사람의 행동이 개인적 자유에서 공동체적 자유로 전환됩니다. 방향과 제도, 미션과 규정을 이어주는 매개인 '행동의 자유'를 통해 구성원의 행동이 인정되면 마침내 구성원의 존재가 인정됩니다. 그리고 공동체를 위한 가치와 규범 하에서 자신을 절제합니다. 조직에서 가치와 규범에 따른 공동체적 자유주의를 실현하는 것이 바로 조직의 자유이며 앞서 제시한 '사회적 자유(1부의 관계와 자기제한 30쪽)'입니다. 서로의 행동을 인정하니 '자유'가 일의 영역에서의 매개가 됩니다. 자기절제와 자유에 의해 상호인정되는 조직이 실현됩니다.

일벌은 일을 잘합니다. '일벌이 일을 잘한다는 것은 어떤 의미일까요?' 미션과 규정이라는 방향과 제도의 영역은 아닙니다. 인식과 명령의 영역도 아닙니다. 일벌의 일은 행동의 영역입니다. 행동을 인정받기에 일을 잘한다는 것입니다. 일벌은 누구에게도 통제받지 않고 자유롭습니다. 개인주의적 자유가 아닌 공동체적 자유에 의해 행동합니다. 일이라는 것이 본래 그런 것입니다. 일을 더 잘하기 위해 조직경영이론과 행정 기술이 발전하였습니다. 발전된 만큼이나 미션과 규정으로 인해 '공동체를 위한 자유의 행동'이 가려지고 있습니다. 가치와 규범이라는 행동의 영역을 통해 '자유'라는 일 본연의 의미를 되새겨 볼 필요가 있습니다. 조직이 구성원에게 기대하는 것은 일을 잘하는 것입니다. 일은 행동의 영역입니다. 오늘 날의 조직은 미션과 규정에 너무나 고착화되었습니다. 미션과 규정이 행동을 작동시키지 않습니다. 일을 잘하기 위해서는 행동을 그 중심에 두어야 합니다. 행동을 촉진하는 것은 자유입니다. 자유로운 구성원의 행동이 미션과 규정과 만나 공동체적 자유로 전환되는 것이 바로 미래지향적인 조직의 시스템입니다.

오늘날 구성원의 행동은 재촉이 아니라 촉진되어야 합니다. 사람의 행동을 촉진하는 것은 근본적으로 자유입니다. 자유로운 사람이 촉진될 가능성이 큽니다. 방향과 명령만으로는 촉진되기가 쉽지 않습니다. 자유는 행동의 영역이며 그것을 작동하는 매개가 바로 가치와 규범입니다. 사람들이 자유에 의해 촉진되는 이유가 있습니다. 바로 '인정'입니다. 인정되는 사람들의 증거는 자유에 있습니다. 자유로운 사람으로 인정될 수 있는 이유는 그가 그럴만한 존재이기 때문입니다. 자유롭지 않은 사람이 일을 주도할 수 없습니다. 스스로 일을 선택할 수 없고 주어진 일만 해야 하므로 촉진될 수 없습니다. 미션과 규정에 의해 행동을 선택하는 것이 시스템입니다. 이때 필요한 것이 가치와 규범이며 이를 통해 자유로이 행동을 선택합니다. 자유로운 선택으로 행동한다는 것은 사람이 존재로서 인정되었다는 증거입니다.

착한 동료와 좋은 직장

『나쁜 어린이 표』라는 동화책이 있습니다. 내용은 이렇습니다. 3학년 신학기가 되어 주인공 건우가 등교를 합니다. 건우는 친구들과도 잘 지내고 선생님 말씀도 잘 들을 것을 다짐합니다. 건우는 꼭 착한 학생이 되고 싶습니다. 건우의 담임선생님도 훌륭한 학급을 만들고 싶습니다. 선생님은 선의의 마음으로 학급을 잘 이끌어가고자 학급 규칙을 만듭니다. 착한 행동을 하면 초록색의 '착한 어린이 스티커'를 한 장, 나쁜 행동을 하면 노란색의 '나쁜 어린이 스티커' 한 장을 받게 됩니다. 건우는 착한 어린이 스티커를 받고 싶어 합니다. 모든 어린이가 그러할 것입니다. 그런데 건우의 뜻대로 잘되지 않습니다 싸움을 시작한 것은 건우가 아닌데 건우도 노란색 스티커를 받게 됩니다. 건우가 보기에는 고자질은 나쁜 행동인데 건우만 노란색 스티커를 받게 됩니다. 노란색 스티커가 쌓이면서 건우는 학급에서 나쁜 어린이가 되어갑니다. 선생님이 만든 학급 규칙에는 이런 조항도 있습니다. 착한 행동을 한번 하게 되면 받았던 나쁜 어린이 스티커 하나를 없애주는 제도입니다. 그러나 선생님의 의도대로 학급이 운영되지 않다 보니 이 제도를 없애 버립니다. 착한 행동을 해서 노란색 스티커를 지우고 싶었던 건우의 희망은 무너져 버립니다. 학기가 끝날 때까지 건우는 나쁜 어린이로 남아야 하는 처지가 됩니다. 사실 건우는 나쁜 어린이가 아닙니다. 인정받고 싶어 하는 착한 어린이입니다. 선생님과 친구들에게 인정받고 싶어서 학급에 기여할 수 있는 도전을 하지만 그 과정에서 아이들이 웃음거리가 되기도 합니다. 이후 이러저러한 사연들이 선생님과 건우 사이에 있었고 결국 선생님과 건우는 화해를 하며 아름다운 마무리를 합니다.

사실 어떤 어린이이든지 간에 선생님과 친구들로부터 인정받고 싶어 합니다. '나는 오늘 학교에 가서 선생님의 말을 듣지 않을 테야. 그리고 친구들을 괴롭히고 말테야'라는 마음가짐으로 등교하는 어린이는 없습니다. 하지만 의도하지 않게 잘못을 저지르기도 하고 선생님께서 주신 질문에 엉뚱한 답을 하기도 합니다. 인정받고 싶어 하지만 그럴만한 꺼리가 주어지지 않아 아무런 인정도 받지 못한 채 하교하는 경우도 있습니다. 이렇게 되면 학교가 재미가 없어집니다. 직장인들도 마찬가지입니다. '착한 직장인 표'를 받고 싶어 하지 '나쁜 직장인 표'를 받는 것은 누구에게나 피하고 싶은 일입니다. '나는 오늘 가서 팀장님을 괴롭힐 거야, 나는 기필코 조직에 해를 주는 선택을 할 거야, 동료들과 협업하지 않을 거야'

라는 마음을 가지고 출근하는 구성원은 없습니다. 어떡하든 조직의 발전과 성장을 위해 무엇인가를 기여하겠다는 마음을 먹고 출근을 합니다. 그러나 아쉽게도 우리의 건우와 같이 의도하지 않게 실수도 하고 상급자의 맘에 들지 않는 행동을 보이기도 합니다. 그러나 오해되어서는 안 됩니다. 의도한 것이 아닙니다. 마음은 그것이 아니었지만 일이 그렇게 되어 버린 겁니다.

조직에서 보면 매우 안타까운 일입니다. 일을 잘하려고 하는 구성원이 의도하지 않게 '나쁜 직장인 표'를 받는다면, 그로 인해 서로가 갈등한다면 조직의 에너지는 감소하게 될 것입니다. 조직은 이런 이유로 좀 나은 조직을 위해 구성원의 갈등에 개입하게 됩니다. 그리고 규정을 만들어 냅니다. 마치 건우의 담임선생님이 좋은 학급을 만들기 위해 규칙을 만들어 낸 것 같이 말입니다. 조직이나 담임선생님이나 모두 선의를 갖고 만들어낸 규칙과 규정들입니다. 학생들과 구성원을 억압하거나 위해危害하기 위해 만드는 제도는 없습니다. 하지만 이런 선의가 건우와 같은 아픔을 만들어 내고 맙니다. 선생님의 가장 큰 실수는 규칙을 혼자 만들어 낸 것입니다. 의도는 좋았지만, 과정이 좋지 않았습니다. 학생들이 참여하지 못하고 1인에 의해 만들어졌기 때문에 '착함'과 '나쁨'에 대한 해석이 불분명합니다. 건우가 고자질을 나쁜 일이라고 인식하였지만, 선생님은 그렇지 않았습니다. 싸움을 걸어온 친구보다 싸움을 크게 만든 건우가 더 나쁜 행동이라고 인식했습니다. 하지만 건우의 입장에서는 둘 다 노란색 스티커를 받을 만한 행동이었습니다. 이렇게 되면 무엇이 착하고 나쁜 행동인지 예측할 수 없으므로 행동이 위축됩니다. 눈치를 보게 됩니다. 선생님이 만든 규칙의 의도에는 행동을 위축시키거나 눈치를 보게 만들려는 의도는 전혀 없습니다. 그러나 일이 그렇게 흘러갑니다.

나쁨과 착함에 대한 해석이 선생님에게 있기에 선생님은 권력자가 됩니다. 권력은 위계를 만듭니다. 학생들은 선생님의 선호에 따라 움직이게 됩니다. 가령 어떤 행동이 착한 행동으로 인정되어 초록색 스티커를 받으면 학생들은 그 행동을 중점적으로 합니다. 그런데 선생님이 인정하지 않는 행동 중에 착한 행동이 있을 수 있습니다. 그런 행동은 선생님에게 인정받지 못함으로 학생들 사이에서는 선호도가 낮아집니다. 이렇게 되면 선생님이 인정하지 않은 행동을 하는 학생들은 인정받을 기회가 사라집니다. 다른 친구들에게도 그 행동은 권장되지 않을 것이니 사라지게 될 것입니다. 나쁜 행동도 마찬가지입니다. 어느 행동이 나쁜 행동으로 선생님으로부터 인정되면 그 행동을 기피할 것입니다. 하지만 선생님에게 나쁜 행동으로 인정되지 않은 행동은 이제는 더 이상 나쁜 행동이 아닙니다. 학생들 사이에서는 나쁜 행동이었지만 선생님은 나쁜 행동으로 인정하지 않았으니 이제 학생들 사이에서 허용되는 행동이 되어 버립니다. 가치판단의 기준과 해석이 선생님의 주관에 의해 결정됨으로 학생들의 주관은 선생님에게 종속됩니다. 이제 학급의 주체는 오직 담임선생님뿐이고 학생들은 객체가 됩니다.

조그마한 학급의 모습이지만 이런 패턴은 우리 사회의 모습이기도 합니다. 조직에서도 이러한 일들이 일어납니다. 조직을 위한 건강한 행동과 그렇지 못한 행동이 있을 수 있습니다. '그 기준을 누가 정할 수 있을까요?' 대개의 조직은 규정 안에 녹아져 있습니다. 하지만 그 규정을 보면 실제 조직 안에서 일어날 수 있는 세세한 사례들을 다루지 못합니다. 결국 그 기준은 조직 상급자의 가치판단에 의하여 결정됩니다. 각 개인의 가치판단은 눈에 보이지 않습니다. 그리고 한 개인의 그 날의 몸 상태나 편향 등에 의해 영향을 받습니다. 예측할 수 없으니 상급자의 눈치를 볼 수밖에 없습니다. 자신은 건강한 행동이라 생각하지만, 그것이 상급자의 입장에서는 아닐 수 있으니 행동이 주춤합니다. 행동이 억압됩니다. 만약 그 행동이 인정된다면 다른 구성원도 그 행동을 할 것입니다. 그렇게 되면 특정 행동은 빈번하게 일어나지만 다른 행동은 위축됩니다. 다른 행동으로 조직에 기여하고 싶은 구성원들은 그 기회에서 밀려나게 나고 특정 행동을 잘 하는 구성원이 인정됩니다. '줄을 잘 선다. 아부를 잘 한다'라는 표현은 이런 상황에서 기인합니다. 자신이 제일 잘 하는 행동을 한 것이고 그것을 상급자가 인정합니다. 그 고리가 계속 이어지게 되고 다른 구성원은 들어갈 수가 없습니다. 잘 하는 것으로 인정받았으니 하지 않을 수도 없습니다. 이렇게 본다면 아첨꾼이라는 비난을 받는 사람은 억울할 수도 있겠습니다. 인정받았으니 안 할 수도 없는 일이니 말입니다.

선생님은 규칙에 문제가 있다는 것을 인식하고 제도의 개선을 시도합니다. 그런데 여기서도 실수를 하십니다. 착한 행동을 하게 되면 나쁜 행동의 노란색 스티커를 상쇄할 수 있다는 규칙은 좋은 제도입니다. 그러나 학생들의 의견을 듣지 않은 채 일방적으로 폐기하여 버립니다. 이렇게 되면 학생들의 기대는 무너져 버립니다. 조직도 마찬가지입니다. 제도의 제정이나 개정은 구성원의 참여가 필수입니다. 구성원마다 어떠한 제도에 대해 기대를 거는 차이들이 있습니다. 그 차이의 유무와 정도가 개인에게는 매우 중요합니다. 그런데 그것이 일방적으로 제·개정이 되거나 폐기된다면 계획을 다시 세워야 합니다. 더욱 문제가 되는 것은 제도에 대한 구성원의 불신이 조장됩니다. 제도에 불신이 생긴다면 다른 제도에까지 영향을 줄 것이고 마침내는 조직불신을 야기합니다. 결정적으로 선생님의 가장 큰 실수는 건우를 나쁜 어린이로 만들어 버렸다는 것입니다. 누구보다도 선생님과 친구들에게 인정받고 싶어 하고 선생님과 마찬가지로 좋은 학급이 되기 위해 마음과 행동으로 애쓰고자 하는 건우를 말입니다. 모든 것들이 좋은 의도에 시작되지만, 서로가 참여하지 않고 협의와 합의를 하지 않으면 이러한 결과를 초래합니다. 조직에서도 좋은 직원, 나쁜 직원, 못난 직원 등등이 있습니다. '그 구분은 누가 만들어 냈을까요? 그리고 그 기준은 무엇일까요?' 조직에 쓸모가 없는 구성원은 없습니다. 좋고 나쁘고 못난 구성원도 없습니다. 단지 조직에서 필요로 하는 역할과 역량에 따른 차이가 있을 뿐입니다. 그 차이는 있을지언정, '착한 직장인 표'를 받아 인정되고 싶은 것은 모두 같습니다.

이러한 간극을 줄일 수 있는 것이 가치와 규범입니다. 때문에, 가치와 규범은 난해한 것보다는 명확하고 단순한 것이 좋습니다. 그래야 구성원이 명확하게 인식할 수 있고 자발성이 발휘될 수 있습니다. 그것이 해석권력의 조성을 방지합니다. 권력에 의해 억압되지 않고 눈치를 안 볼 수 있게 합니다. 한 마디로 자유를 줍니다. 몇 년 전에 배달 서비스 한 업체의 '○○구에서 일 잘하는 11가지 방법'이 화제가 된 적이 있습니다. 이것이 제가 말씀드린 행동규범의 예입니다. '가족에게 부끄러운 일은 하지 않는다'는 그 11가지 방법 중 하나입니다. 윤리경영, 투명경영이라고 해서 기업 운영의 가치를 반영하는 경영기법이 있습니다. 윤리와 투명은 ESG 경영의 'G'에 해당됩니다. 그런데 윤리가 무엇인지, 투명이 무엇인지 잘 알 수가 없습니다. 윤리와 투명은 매우 아름답고 가치지향적인 단어이지만 치명적인 단점이 있습니다. 너무 모호합니다. 결국 '윤리와 투명'이라는 단어를 해석하고 설명할 수 있는 사람은 조직의 최고 권력자 밖에 없습니다. 그런데 문제는 그 해석이 아침저녁으로 바뀐다는 것입니다. 구성원은 해석권력에 의해 '윤리와 투명'이라는 단어 아래서 눈치를 보게 됩니다. '좋은 학급'에서 '좋은', '착한 행동'에서 '착한'이 무슨 의미인지는 선생님만 알고 있는 것과 마찬가지입니다. 혼자만 알고 있으니 제도를 일방적으로 폐기할 수도 있게 됩니다.

조직에서 일어나는 갈등이나 비난, 그리고 건우의 학교에서 일어나 몰이해와 낙인은 맥락이 같습니다. 조직의 구성원은 가치와 규범 속에서 행동의 자유를 획득합니다. '○○구에서 일 잘하는 11가지 방법'은 개업 초기의 구성원이 함께 만들어 내었다고 합니다. 구성원이 참여하여 협의와 합의로 약속하였으니 꼭 지켜야 한다는 강력한 힘이 작동됩니다. 모두가 참여하여 약속하였으니 사장부터 신입직원까지 모두 지켜야 합니다.

그러니 조직이 평등합니다. 모든 구성원은 그 11가지 방법을 지키는 선에서 눈치를 보거나 비난받지 않습니다. 그러니 자유롭습니다. 자유롭고 평등한 조직은 구성원의 행동을 자유롭게 합니다. 자유가 획득되었으니 서로를 위해 절제하고 상호작용과 수용을 통해 서로를 인정합니다. 좋은 직장, 좋은 학급을 만들기 위해서는 서로 협의하고 합의하여 가치와 규범을 만드는 것부터 시작되어야 합니다. '왜 교사가 만들고 사장이 만들어 배포하면 되는 것이지 굳이 힘들게 모여서 함께 만들어 내어야 할까요?' '왜 어린 학생들과 자신이 월급을 주는 구성원들의 의견을 묻고 들어야 할까요? 답은 이미 말씀드려온 바입니다. 그들을 인정하기 때문입니다. 참여의 경청과 질문은 인정하는 사람, 인정되는 사람에게 하는 것입니다. 그들을 인정한다는 것은 그들이 학급의 주체, 조직의 주체로서 존엄한 존재이며 그들 스스로가 수단이 아닌 목적이기 때문입니다.

3부

인정하는 질문 인정되는 자유

recognition

Organization

democracy

그러고 있어 봐야 경청할 수 없다

리더의 최고 덕목을 하나 꼽으라면 '경청'입니다. 경청이 부각된 이유도 일을 잘하기 위함입니다. 일을 잘하는 것과 경청이 관계된 이유가 있습니다. 바로 '자기인식self-awareness'입니다. 조직의 문제는 일 자체에 있고 일 자체는 사람의 내면과 관계됩니다. 조직이 발전해 가면서 생산성과 이익 창출이라는 목적 외에 더 높은 가치를 추구하게 됩니다. 전언했다시피 생산성을 달성한 사람들은 일을 하는 이유에 대한 질문을 했고 조직은 조직의 사명을 그 답으로 내놓습니다. 조직의 사명과 자아의 삶의 목표에 대해 응답하기 위해서는 자아의 의식 활동이 필요합니다. 의식 활동을 통해 자아의 대상對象인 밖의 세계, 즉 조직과 타자를 인식해야 합니다. 그 의식 활동 중, 중요한 하나가 바로 경청입니다. 경청은 두 가지입니다. 하나는 자신의 소리를 듣는 것이고 또 하나는 타자의 소리를 듣는 것입니다. 경청은 감각 활동이며 이 활동에 의해 세계가 지각知覺됩니다. 그런데 감각 활동에는 오류가 있습니다. 소리가 들렸지만 내가 들은 것이 아니고 눈에 보인 것이지만 내가 본 것이 아닙니다. 하루에도 수많은 것이 보이고 들리지만, 스스로 듣고 보려고 하지 않으면 허상과 소음일 뿐입니다. 때문에, 자아의 주체적인 의식 활동으로 밖의 세계를 보고 들어야 합니다. 다시 주격 자아 'I'와 목적격 자아 'ME'를 기억해봅시다.

운동의 경청

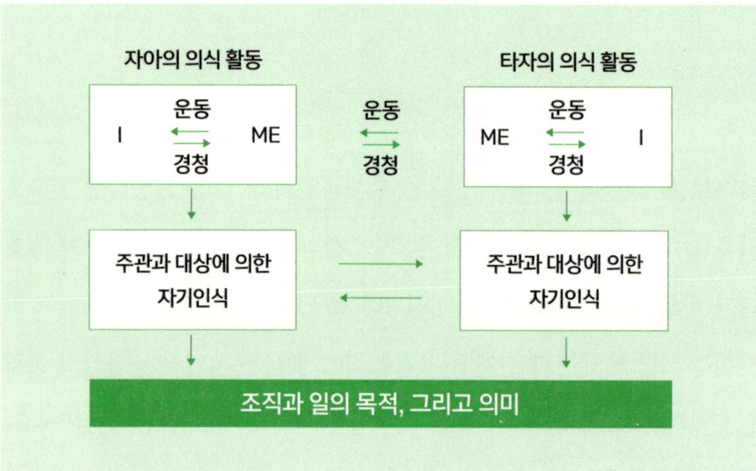

목적격 자아인 'ME'가 밖의 세계를 알기 위해 활동하는 것을 '운동의 경청'이라고 합니다. 이런 운동의 경청을 통해 목적격 자아인 'ME'는 의식된 바를 주격 자아인 'I'에게 전달합니다. 주격 자아 'I'는 목적격 자아 'ME'의 운동을 '경청'하고 목적격 자아 'ME'는 주격 자아 'I'를 또한 '경청'

합니다. 그렇게 본다면 주격 자아 'I'는 자신의 목적격 자아 'ME'를 경청하는 것뿐만 아니라 타자의 목적격 자아 'ME'도 경청합니다. 타자도 역시 자신의 목적격 자아 'ME'와 타자의 목적격 자아 'ME'를 경청함으로 자기를 인식합니다. 조직에서의 이 모든 활동은 일을 잘하기 위함입니다. 이러한 의식 활동으로 자기를 이해한 자아는 조직과 일의 의미를 발견합니다. 이 발견은 일을 하는 목적을 설명해 주는 것이기에 사람은 일을 더 잘할 수 있게 됩니다. 일의 의미를 이해하였기 때문입니다. 이렇게 경청이라는 것이 조직의 성과와 관계되므로 소통이 중요합니다. 소통이 조직의 경영에서 중요해진 것은 그리 오래되지 않았습니다. 리더십과 팔로우십, 동기부여를 연구하는 조직경영학의 주류가 더 이상 답을 내지 못하게 되었습니다. 조직의 어려움을 해결하고자 조직진단을 해보면 대개 경우 소통의 부재를 조직 이슈의 1순위로 꼽습니다. 가장 해결하고 싶은 조직의 가치에도 언제나 소통이 자리합니다. 세대 간의 갈등이 이슈가 되는 조직에서는 특히 그러합니다. 그러함에도 실제 조직에서는 소통을 한다는 시도가 오히려 불통을 초래하는 경우들이 흔합니다. 소통에서의 경청의 맥락을 이해하지 못하기 때문입니다. 단순히 도구적 차원으로 소통을 이해하다 보니 기술배양에만 힘씁니다. 이렇게 소통이 잘못 이해되다 보니 리더 중에는 소통을 한답시고 해괴한 선택을 하는 경우가 있습니다.

소통을 한다고 전자결재를 거부하고 꼭 사무실로 와서 결재하라는 경우입니다. 대면을 하고 말을 해야 소통이 된다는 입장입니다. 소통을 오해하는 대표적인 경우입니다. '실상 결재하면서 어떤 말들이 오고 갈까요?' 담당자가 결재서류를 들고 리더의 자리로 옵니다. 아니 리더가 있는지 없는지 확인부터 합니다. 담당자는 그 자리에 서 있고 리더가 결재를 마치기까지 기다립니다. 그리고 여러 말들이 오고 가겠죠. 유용하고 필요한 말들이 오고 갈 수는 있지만, 결재 시간이라는 것이 그리 유쾌한 시간은 아닙니다. 결정을 일방적으로 기다려야 하는 시간이므로 구성원에게는 불편한 시간입니다. 결재 시간에 서로가 피드백을 받는다고 할 수도 있습니다. 그러니 전자결재가 아닌 대면 결재가 필요하다는 주장입니다. 피드백이란 주고받음의 시간입니다. 환류라는 것입니다. 환류還流 feed-back는 시간이 필요합니다. 피드백을 원한다면 결재가 아니라 따로 대화의 시간이 필요합니다. 결재하면서 대화하기를 원하니 구성원이 장시간 서 있어야 합니다. 한 사람은 앉아있고 한 사람은 서 있는 것은 주고받음의 환류가 아닙니다. 주었으니 받아야 하는 일방적 교환입니다.

소통을 한다고 회식 자리를 만드는 경우가 있습니다. 조직에서 갈등이나 서로 오해가 있는 경우 등에는 어떡하든 조직개입이 필요합니다. 이럴 때 해결의 대안으로 소통이 필요하다고 결론을 내립니다. 그리고 구체적인 대안의 실천으로 회식을 합니다. 이유가 참 좋습니다. 물론 서로 음식을 함께 나누면서 자신의 이야기를 풀어내자는 좋은 의도입니다. 그런데 말입니다. '조직에서 갈등이 있을 때 회식을 한다고 해서 자신의 이야기를 꺼내 놓을까요?' 그럴 것이면 벌써 꺼내 놓았을 것입니다. 꺼내 놓을 수 있는 문화가 아니니 그런 갈등이 있는 것입니다. 장소가 바뀌었다고 해서 사람의 입이 열리지 않습니다. 문화는 그대로이니까요. 물론 소통이 시작될 수 있습니다. 2차, 3차 가서나 리더가 자리를 뜬 경우에 말이죠. 무슨 말이 오고 갔는지 기억도 안 나고 리더의 메시지가 전해지지 않습니다. 듣고 보는 감각의 의식 활동도 쉽지 않은데 먹는 감각 활동까지 일어나야 합니다. 반면 지각 활동은 음주로 흐려지는 곤혹스러운 소통의 현장입니다.

소통을 한다며 업무 시간에 갑자기 소집하는 경우도 있습니다. 소통의 필요성을 절감한 리더는 갑자기 회의를 소집합니다. 회의가 그렇게 소집되는 경우에는 특징이 하나 있습니다. 리더는 하루 중에 자신이 제일 바쁘지 않은 시간에 회의를 소집합니다. 리더는 회의 시간을 결정할 수 있습니다. 하지만 구성원은 매 순간 바쁩니다. 리더가 정한 회의 시간에 자신들의 시간을 맞추어야 합니다. 이런 경우 회의를 촉진할 수 있는 리더나 구성원이 있다면 정말 중요한 의견들이 오고 갈 수 있습니다. 하지만 그러지 않을 경우, 대개 경우는 리더가 하고 싶은 말을 전달하는 시간으로 사용될 뿐입니다. 리더는 자신이 하고 싶은 말을 했으니 소통이 되었다고 믿습니다. 하지만 구성원은 듣기만 했으니 소통이 아닙니다. 소통은 주고받음입니다. 하고 싶은 말을 전한 리더는 퇴근하였으나 구성원에게는 생각지도 않은 회의 시간이 근무 일정에 추가되어 버렸습니다. 여기에 리더의 전달사항을 이행하기 위해 구성원은 오늘도 '야근각'입니다. 소통을 위해 매일 조회를 하는 경우도 있습니다. 아무리 좋은 말이라도 매일 리더의 전달사항을 듣는 것은 아침부터 구성원에게 곤욕스럽습니다. 피곤한 몸을 일으켜 세워서 고난의 출근길을 헤쳐 나온 구성원에게 '오늘

아침에도 조회가 있다'라는 사실은 유쾌하지 않습니다. 아침 조회의 유쾌함은 리더뿐입니다. 하고 싶은 말을 아침부터 했으니 이보다 상쾌한 아침은 없습니다.

위의 몇 가지 사례의 공통점이 있습니다. 경청을 위해 소통을 하려고 하지만 리더는 경청을 한 것이 아니라 말하기를 했습니다. 소통의 출발은 경청입니다. 그런데 리더들은 듣기보다는 말부터 시작합니다. 결재이든, 회의이든 리더들은 듣기보다는 말하기에 집중합니다. 말부터 하고 싶은 것은 인간의 본성입니다. 듣는 것보다는 말하기가 더 편하기 때문입니다. 듣는 것은 불편합니다. 구성원도 사람입니다. 그렇기에 리더처럼 듣기보다는 말하고 싶어 합니다. 리더도 말하고 싶어 하고 구성원도 말하고 싶어 하기에 결국 힘이 강한 리더만 말하게 됩니다. 서로 말하기만 하면 소음입니다. 때문에, 구성원은 말하기보다 듣는 역할을 부여받습니다. 이렇게 듣는 것은 약자의 행위가 되어 버립니다. 말하는 사람이 강자이고 듣는 사람이 약자로 인식됩니다. 서로가 말하고 싶은 것을 말하고 서로가 듣는 것이 소통입니다. 그러므로 리더가 소통을 촉진하기 위해서는 자신의 말을 삼가하고 구성원에게 먼저 의견을 물어야 합니다. 말하고 싶어 하는 구성원에게 힘이 강한 리더가 의견을 묻는 것, 그것이 소통의 시작입니다. '묻지도 않는데 누가 말할 것이며, 말하지도 않는데 어찌 경청이 있을 수 있습니까.' 리더가 구성원에게 묻게 되면 구성원은 말하게 될 것이고 그때서야 비로소 경청이 시작됩니다. 리더여! 소통을 원한다면 진정성 있게 먼저 의견을 물어야 합니다.

'리더가 왜 자신이 월급을 주는 구성원에게 의견을 물어야 할까요?' 자신의 힘만으로는 조직의 성과를 달성할 수 없기 때문입니다. 아무리 능력이 출중한 리더라도 혼자서는 이룰 수 없는 것이 오늘날의 세상입니다. 그래서 구성원이 있는 것입니다. 더 많은 구성원이 함께 할수록 리더의 부족함을 보완할 수 있습니다. 노동력이 필요한 것이 아니라 구성원의 의견이 필요합니다. 당신의 부족함은 노동력이 아니라 그들의 의견입니다. 그래서 구성원을 계속 늘려 충원하고자 하는 것입니다. 리더의 부족함을 채우기 위해 구성원을 뽑았으니 이제는 진정으로 의견을 물어야 합니다. 의견을 묻게 되면 구성원은 고민할 것이고 그 고민을 채우기 위해 연구하고 도전할 것입니다. '나를 따르라' 하며 진두지휘하는 능력자가 아니라 의견을 묻고 듣는 촉진자Facilitator가 바로 이 시대가 원하는 리더의 모습입니다.

'의견을 묻는 리더가 되려면 어떻게 해야 할까요?' 자신의 취약함을 고백하고 불편함을 기꺼이 받아들여야 합니다. 리더 혼자서 되는 조직은 없습니다. 조직의 사명을 이루는 것이 리더만으로는 되지 않는 세상입니다. 조직에게 주어진 사회의 요구와 사람의 욕구를 리더 혼자서는 감당해 낼 수 없습니다. 과거에는 그럴 수 있었습니다. 그러나 오늘날의 사회는 문제와 문제가 만나 서로 얽혀 있으며 문제가 빠른 속도로 진화해 버립니다. 리더 혼자서 문제의 진화를 따라갈 수 없습니다. 리더가 가진 지식과 경험만으로는 부족한 세상입니다. 갈수록 리더는 조직의 사명 달성, 지역과 사람의 문제와 욕구에 매우 취약해질 수밖에 없습니다. 이를 인정해야 합니다. 그리고 구성원에게 '나 혼자 할 수 없음'을 고백해야 합니다. 취약함을 고백할 때야 비로소 진정으로 의견을 물을 수 있게 됩니다. 의견을 묻는다는 것은 돌아오는 답변을 수용할 것을 다짐하는 것입니다. 강자인 리더가 약자가 되고 약자인 구성원이 강자가 됩니다. 리더가 불편해집니다. 돌아오는 답변이 리더가 생각하는 것이 아닌 전혀 다른 것일 수 있습니다. 그 답변을 거부하면 다시는 답변이 돌아오지 않을 수 있습니다. 말해봐야 변화하지 않을 것이라는 실망만큼 입을 닫아 버립니다. 때문에, 진정으로 물었다면 경청해야 할 것이고 경청했으면 반영하여야 합니다. 이때 리더는 기꺼이 불편을 감수해야 합니다. 네 맞습니다. 매우 두려운 일입니다. 결국 소통이 어려운 이유는 두려움 때문입니다.

두려움, 그리고 자유가 소통의 본질입니다. 불통은 현상일 뿐입니다. 자신의 것을 내어놓아야 한다는 사실, 조직과 사명을 위해 자신을 희생할 수 있다는 사실은 매우 두렵습니다. 이 두려움이 소통의 본질을 막아섭니다. 대신 전자결재 거부, 회식 등이 보여주는 이슈에만 집착하게 만듭니다. 결국 본질을 간과한 조직행위는 실패합니다. 비용은 비용대로 들지만, 조직은 점점 더 불통이 되어갑니다. 불통의 현상은 두려움이라는 본질 때문입니다. 리더가 두려움을 이겨내는 방법은 자신이 왜 조직에 있는지, 조직에서 리더의 역할이 무엇인지, 조직의 사명을 위해 자신의 존재 이유와 역할이 무엇인지 스스로에게 자문自問하는 것입니다. 취약함, 불편함, 두려움이라는 이 세 가지가 우리를 소통하지 못하게 만들지만, 이 세 가지를 수용하게 되면 소통이 시작됩니다. 두려움은 객체의 몫입니다. 두려운 이유는 취약함과 불편함 때문입니다. 두려움을 이겨내는 방법

취약함과 두려움, 그리고 동질감의 인식과 인정에 의한 소통

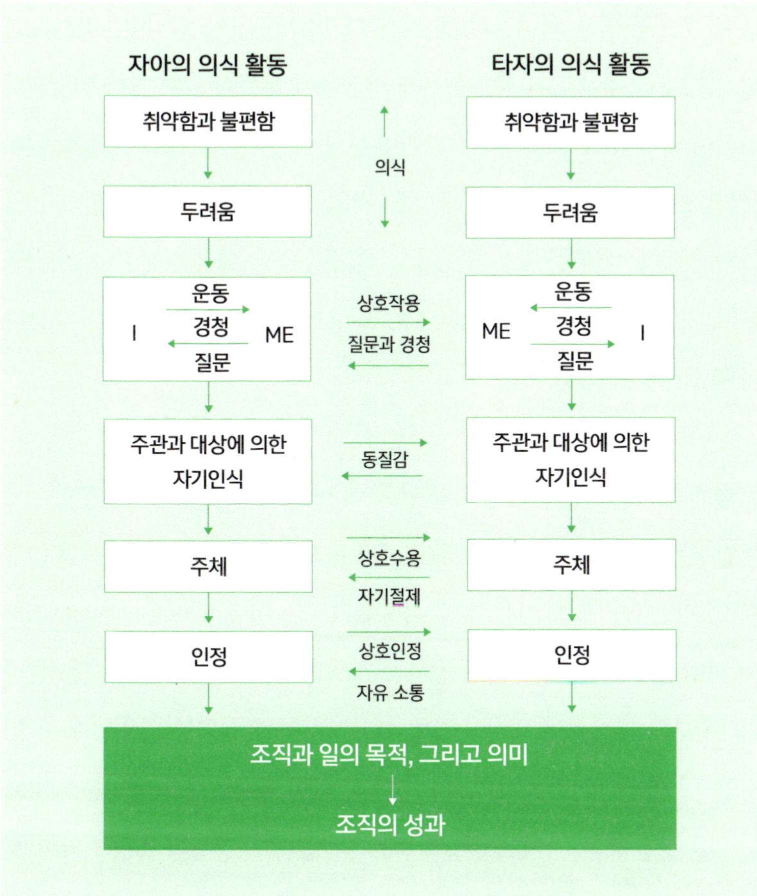

은 질문과 경청으로 자신과 타자를 인식하는 것입니다. 인식으로 동질감을 발견합니다. '조직의 사명 및 사회의 문제와 사람이 욕구를 해결하는 데 있어서 리더나 구성원이나 모두 취약하고 두렵나. 하지만 모두 같은 목적으로 모였고 모두 취약하기에 부족한 부분을 서로 채워주자.'라는

인식이 싹틉니다. 나와 같음으로 더 이상 눈치를 볼 필요가 없습니다. 같은 목적으로 일을 하니 서로를 위한 자기절제가 가능합니다. 비로소 자신과 타자는 주체로서 상호수용됩니다. 주체와 주체들이 만나 인정되니 조직이 자유롭고 평등해집니다. 자유롭고 평등해지니 소통은 절로 일어납니다. 소통은 사람과 사람이 상호인정되어 자유로울 때 실현됩니다. 억압되어 있을 때 무슨 소통이 있을 수 있겠습니까. 결국 소통은 그 조직의 문화, 자유로움과 평등함입니다. 주고받음이 소통이요, 자유롭고 평등하니 주고받을 수 있습니다.

단순히 메시지를 전하는 것이 소통이 아닙니다. 취약함과 불편함으로 두렵다는 사실, 이를 인정할 때에 비로소 의식 활동에 의한 인식과 인정이 일어납니다. 그 인정을 통해 자유롭고 평등함을 인식한 사람은 조직의 사명과 일의 의미를 발견합니다. 그리고 조직의 성과에 영향을 줍니다. 이 모든 과정을 소통이라고 합니다. 경청하려고 귀를 기울여 봐야 경청할 수 없습니다. 소통의 시작은 경청이 아닌 질문입니다. 경청은 타자가 언어를 사용하여 나에게 전달할 때 가능합니다. 경청이 소통에 있어서 중요하기에 리더의 덕목이 되었습니다. 그러나 그 본질에 있어서 소통의 주체는 리더가 아닌 구성원이어야 합니다. 소통의 주체는 내가 아닌 타자이며 듣는 사람이 아닌 말하는 사람입니다. 그러나 사람은 리더가 주체이고 구성원은 객체라고 인식하고 있습니다. 주체인 리더는 계속 말하기를 합니다. 객체인 구성원은 계속 들어야 합니다. 경청이라는 단어는 약자의 몫이 되어갑니다. 소통이 안 되는 이유입니다.

탁월한 리더는 기꺼이 묻는다

사람은 존재에 대한 질문을 통해 자신의 존재를 인정받습니다. 자신이 인정하지 않는 사람에게는 질문하지 않습니다. 질문은 자신이 인정하는 사람에게만 던집니다. 사람은 그 질문에 답함으로써 존재로 인정됩니다. 질문은 사람을 수단이 아닌 목적으로 대하는 인정의 행위입니다. 예수의 제자들은 3년 동안 가르침만을 받았습니다. 수동적 존재입니다. 어느 날 예수는 제자들에게 질문을 던집니다. '사람들이 나를 누구라 하느냐?' 이 질문은 제자들이 아닌 타자들이 인식한 예수의 존재에 대한 물음입니다. 타자가 '어떻게 생각하는가?'라는 질문에 대한 답은 타자의 존재를 인정하는 것이지 제자들의 존재를 인정하는 것이 아닙니다. 예수는 제자들에게 또 이렇게 질문을 던집니다. '너희는 나를 누구라 생각하느냐?' 드디어 예수의 존재에 대한 질문을 제자들에게 묻습니다. 그리고 제자들은 답합니다. '스승님은 살아계신 하느님의 아들 그리스도이십니다.' 이 질문을 통해 제자들은 예수로부터 존재가 인정됩니다. 물론 예수가 원한 정답이 아닐 수 있습니다. 하지만 예수로 부터 받은 이 질문을 통해 제자들의 자아에는 예수의 존재에 대한 물음이 시작됩니다. 이제 제자들은 가르침만을 받던 수동적 존재에서, 질문에 대한 답을 스스로 구하여야 하는 능동적 존재로 인정됩니다. 제자들은 그 질문에 대해 의식하고 스스로 해답을 찾는 주체적 자아가 됩니다.

영화 알라딘Aladdin(디즈니, 1992)에서, 알라딘은 램프의 요정 지니에게 이렇게 물어봅니다. "너라면 어떤 소원을 빌겠어?" 지니는 누군가가 램프를 문질러야 비로소 밖으로 나올 수 있는 수동적 존재입니다. 그는 소원을 듣기만 하고 들어주기만 하였습니다. 알라딘은 이런 지니에게 처음으로 자신의 존재에 대한 질문을 던진 것입니다. 지니는 이렇게 말합니다. "많은 사람이 나에게 소원을 빌고 들어주기만을 바랬지, 정작 나에게 질문을 던진 것은 네가 처음이야!" 그리고 고민 끝에 지니는 이렇게 말합니다. "나라면 자유! 자유를 소원으로 빌겠어!" 질문을 통해 존재로서 인정받은 지니는 자신의 내면에서 갈망하는 욕구를 발견하게 됩니다. 그리고 주체로서 자신의 의견을 말하게 됩니다. 지니는 질문을 통해 타인의 삶이 아닌 자신의 삶에 대한 주체가 되었습니다. 질문은 자기의식의 시작이 됩니다. 자스민 공주가 양탄자에 올라타기 전에 알라딘은 이렇게 묻습니다. "지금까지 살면서 네가 혼자서 결정한 적이 있었어?" 겉보기에는 주체적 삶을 살 것 같은 공주였지만 실제는 그렇지 않았습니다. 왕궁에서 주어진 원칙과 절차에 의해 살던 삶. 자신이라는 자아가 아닌 공주의 사회적 신분으로 살던 삶에 관한 질문은 자스민 공주 스스로의 존재를 인식하게 합니다. 그리고 주저 없이 양탄자에 올라탑니다. 질문은 행동을 변화시키는 힘이 있습니다. 질문을 통해 자신 스스로가 삶을 결정하는 주인이라는 것을 인식하며 삶의 주체가 됩니다. 그리고 행동합니다.

질문을 하는 이유는 그 사람이 질문을 받을 만한 힘이 있는 존재라고 인정하기 때문입니다. 질문에 답을 할 수 없는 타자에게 질문을 하는 법은 없습니다. 떠보는 것은 질문이 아닙니다. 질문에 대한 답을 인정하겠다는 가정과 믿음이 있기 때문에 질문을 합니다. 답변을 무시할 것이라면 질문을 던지지 않습니다. 답변에 대한 무시는 그 사람에게 힘이 없다고 보기 때문입니다. 아예 질문을 하지도 않고 명령할 것입니다. 그러므로 질문을 한다는 것은 그 사람이 가진 권한을 인정하는 것입니다. 권한이 있음을 인정하는 것은 그 사람이 자유로운 존재이기 때문입니다. 자유로운 존재이기에 질문에 대한 답을 스스로 구할 수 있습니다. 스스로 학습하고 인식된 바를 말할 수 있습니다. 자유롭지 않다면 질문에 대한 답을 구하기 위해 자신이 아닌 다른 존재에게 물어보고 답을 기다려야 합니다. 자유롭지 않다면 그 답을 베껴 쓰고 말할 것이며, 질문한 사람의 반응을 노심초사하며 기다릴 것입니다. 자유롭지 않기 때문에 자신을 의식하기보다는 타자를 의식하고 행동하게 됩니다. 때문에, 자아를 의식할 수 없습니다. 자유롭지 않은 존재는 어떤 식으로든 타자를 기다려야 합니다. 스스로 할 수 없고 기다려야 하는 것은 수동적인 객체의 삶입니다.

수동적인 사람에게 권한이 있을 수 없습니다.

그러므로 리더는 질문하는 사람이어야 합니다. 질문을 한다는 것은 구성원이 권한과 자유가 있는 존재라는 것을 인정하는 사회적 '고백'입니다. 리더의 질문을 통해 구성원에게 권한이 이양됩니다. 권한을 이양하는 질문은 리더를 불편하게 만듭니다. 리더는 구성원의 답에 따라 자신을 조절하고 변화를 받아들여야 합니다. 리더가 구성원을 인정하는 자기 절제의 행위가 질문입니다. 이러한 행위로 구성원의 자유가 인정되며 존재가 인정됩니다. 존재를 인정받는 구성원은 스스로 답을 찾기 위해 자기 절제를 통해 자발적인 행동을 선택합니다. 인정받은 구성원은 조직의 주체가 됩니다. 그가 바로 조직의 주인입니다. 주체인 구성원은 주인이기에 주인의식이 있으며 주인으로서 자유롭습니다. 그러므로 리더의 질문은 구성원을 주인으로 인정하는 것이며 주인이 된 구성원은 사회의 문제와 사람의 욕구를 해결하는 주체가 됩니다. 리더는 자신 스스로에게도 질문하는 사람이어야 합니다. 사람의 자아 안에는 주격 'I'와 목적격 'ME'가 의식의 운동을 합니다. 운동은 질문으로 시작됩니다. 목적격인 자아는 자아의 외부에서 인식된 바를 끊임없이 주격 자아에게 질문을 던집니다. 질문을 받은 주격 자아는 경청하고 목적격 자아에게 그 답을 반영합니다. 이러한 질문과 답이 오고 감을 통해 자아는 그 스스로를 인식합니다.

흔히 리더의 역할을 문제에 대한 답을 내는 사람이라고 믿습니다. 그래서 리더의 덕목은 탁월한 결정이었습니다. 예전에는 그랬습니다. 하지만 오늘날의 탁월함은 답을 내는 사람이 아닌 묻는 사람, 기꺼이 듣는 사람, 그리고 반영하는 사람입니다. 사람들은 이 탁월함을 '소통'이라 합니다. 지식도 빈약하고 경험도 다양하지 않은 과거의 조직에서는 특출한 누군가가 필요했습니다. 결정해주는 사람입니다. 그런데 오늘날은 그렇지 않습니다. 지식과 정보는 누구에게나 넘칩니다. 개인이 가진 경험이라는 것도 다양합니다. 모두 똑똑하고 훌륭한 사람들입니다. 반면에 직면한 과제, 문제들은 처음 보는 것이 대부분입니다. 어느 한 개인의 탁월함으로 결정할 수 있는 일이 많지 않아졌습니다. 똑똑하고 훌륭한 사람들이 문제를 해결하기 위해 조직에 모였습니다. 그런 그들에게 질문하지 않으면 권한과 자유를 인정하지 않는 것입니다. 그들은 조직으로부터 불인정됩니다. 권한과 자유를 인정하지 않을 것이라면 기계와 노예를 쓸 일이지 사람을 모을 필요가 없습니다. 노예처럼 말이나 잘 듣기를, 기계처럼 고장이나 안 나기를 기대하면 그뿐입니다. 그러므로 탁월한 리더라면 질문을 해야 합니다. 질문이 없으면 구성원은 조직에서의 자신의 존재를 인식하고 인정받을 수 없습니다. 인정받지 못하니 자유롭지 못하고 주인일 수 없습니다. 묻지 않고 결정을 내려버리면 구성원은 침묵을 선택합니다. 말하지 않고 침묵하는데 경청이 있을 수 없습니다. 마침내는 리더의 결정을 구성원이 경청하는 조직이 되어 버립니다. 오늘날 조직문화에서 소통이 중요하게 된 이유입니다. 소통은 질문에서 시작됩니다.

회의는 너무나 아름다운 조직문화의 도구입니다. 자아의 존재를 인식하고 인정하는 도구로 기능하는 것이 회의입니다. 회의의 첫 번째 목적은 말하기가 아닌, 묻고 듣는 것이어야 합니다. 하지만 말하기를 회의로 간주함으로 끊임없이 말하기를 재촉합니다. 아침 회의를 합니다. 하지만 대부분의 시간은 리더의 말하기로 채워집니다. 리더가 묻지 않으니 아무도 말하지 않기 때문입니다. 이것은 회의도, 소통도 아닙니다. 전달사항을 회의로 착각해서는 안 됩니다. 회의는 결정하는 자리가 아닙니다. 결정된 바를 고지하는 자리도 아닙니다. 리더는 결정하는 사람이 아닙니다. 묻고 듣는 사람이 리더이며 이러한 행위를 통해 이루어지는 자리가 회의입니다. 리더가 회의에서 구성원에게 기꺼이 물을 수 있는 것은 그들에게 권한과 자유가 있기 때문입니다. 인식하고 인정되는 존재들이 함께 모인 자리가 회의입니다.

리더들이 소통에 실패하는 이유는 단 한 가지입니다. 소통의 행위를 말하기로, 소통의 목적을 결정을 내리는 것이라는 착각입니다. 제가 겪은 최악의 리더는 말(만)잘하는 리더입니다. 그 리더는 말하기를 좋아합니다. 물론 선의의 행동이었을 것입니다. 구성원이 좀 더 성장하기를, 좀 더 일을 잘하기를 바라는 마음에서 끊임없이 말하기를 했을 것입니다. 그러나 의도와는 반대로 구성원의 입과 귀를 닫게 만들어버렸습니다. 일방적이기 때문입니다. 어느 순간 말하기가 아닌 가르치기가 되어버렸습니다. 그 리더가 구성원에게 묻지 않고 말하기로 가르치기만 한 것은 자기인식이 그렇게 되어버렸기 때문입니다. 리더의 자아인 주격과 목적격의 관계 속에서 자기만을 인정해버린 것입니다. 자신만을 인식하고 인정하여 스스로 만족하니 타자를 인식하지 못합니다. 그러니 타자를 인정하지 않습니다. 타자는 자신의 말을 들어야 하는 대상, 자신의 가르침의 대상이 됩니다. 이것을 인정의 반대인 불인정으로서 '수단화'라고 합니다. 목적이 아닌 수단이 된 것입니다. 수단화는 타자에게 절대 묻지 않습니다. 사람은 수단일 뿐이기 때문입니다. 수단이 된 구성원은 학생들로 인정됩니다. 기계로 인정되고 노예로 인정됩니다. 구성원의 입장에서는 불인정입니다. 그 누구도 자신을 수단화해서 철부지, 기계, 노예로 인정받는 것을 거부합니다. 거부의 행위는 입과 귀를 닫는 것입니다. 듣는 척하고 행동하는 척합니다.

소통의 시작은 리더가 묻는 것입니다. 묻고 듣고 반영하는 것은 구성원의 존재를 인정하는 리더의 아름다운 행위입니다. 예수도 제자들에게 물었습니다. 그 물음을 통해 제자들은 예수를 인식하고 인정합니다. 그리고 마침내 진리를 고백할 기회가 주어집니다. 알라딘도 지니에게 묻습니다. 그리고 행동의 변화가 왔습니다. 질문으로 존재가 인정되었기 때문입니다. 질문은 사람을 수단이 아닌 목적으로 대하는 인정의 행위입니다. 수단으로 대한다면 말하기만을 할 것이고 목적으로 대한다면 묻고 들을 것입니다. 오늘날의 리더는 끊임없이 진정성 있게 질문해야 합니다. 대통령은 국민에게 물어야 하고 생산자는 소비자에게 물어야 하고 정치인은 유권자에게 끊임없이 물어야 합니다. 그들에게 권한과 힘이 있기 때문입니다. 정책을 만들었으니, 상품을 만들었으니, 공약을 만들었으니 이제는 나를 따르든지 구매하든지 투표하든지 선택하라고 외치는 것은 '수단화'입니다. 삶의 목적인 그들을 인정해야 합니다. 인정한다면 수단이 아닌 목적으로서 진정성이 있는 질문을 해야 합니다.

질문하는 리더와 이 질문에 답변하려는 구성원, 질문과 답변으로 서로 인식하고 인정되는 조직은 조직과 사회를 변화시킵니다. 조직은 고유의 목적이 있습니다. 설립된 목적뿐만 아니라 조직의 구성원을 존중하는 것, 존중받는 구성원이 사회의 건강한 일원이 되게 하는 것. 그것이 조직의 사명이자 리더의 조건입니다. 리더는 질문을 통해 자기를 인식합니다. 리더가 자기를 인식하여 인정된다면 조직의 사명과 일의 의미에 가까워집니다. 리더의 본질은 누구보다도 조직의 사명과 가까워지는 것입니다. 그리고 일의 의미를 발견하는 것입니다. 혼자서는 되지 않습니다. 구성원에게 묻고 구성원이 답을 해 주어야 그만큼 알아갈 수 있습니다. 리더가 도달한 만큼 조직과 리더는 사회와 구성원으로부터 인정됩니다. 리더가 도달한 만큼 구성원도 조직의 사명과 일의 의미에 도달할 수 있습니다. 그러한 인식과 인정이 이루어지는 장소가 조직입니다. 그래서 조직은 유기체이며 그렇게 신비의 장소가 되어갑니다.

누구에게 무엇을 물어야 할까

질문은 사람의 생명에도 관계합니다. 우리나라의 사살률은 OECD국가 중 몇 년째 1~2위입니다. 노인자살율도 그에 못지않습니다. '우리나라 사람들은, 노인들은 왜 자살을 할까요?' 수많은 연구 결과가 있습니다만 결과의 1위는 주로 경제적 문제로 귀착歸着됩니다. 즉 '소득이 자살에 영향을 미치는 주요 요인이다.'입니다. 그렇다면 자살이라는 현상에 소득은 본질이 됩니다. 논리적으로 설명하고자 하였을 때, '소득이 자살 동기의 중요한 변수가 될까요?' 만약 그렇다면 증거가 있어야 할 것이지만 그런 통계는 아직 없습니다. 소득이 자살의 동기라면 1950년대 이전 극빈국이었던 우리나라는 자살이 횡횡했어야 합니다. 그러나 그렇지 않았습니다. 오늘날을 보더라도 경제가 낙후된 저개발 국가들은 자살률이 높아야 하지만 사실은 그렇지가 않습니다.

소득이 자살의 주요 동기 요인이라는 주장은 가설일 뿐이며 불승인되어야 합니다. 돈 때문에 생명을 끊는다는 주장이 아무런 증거도 없이 신화神化가 되었습니다. '그럼 무엇이 자살의 원인일까요?' 이렇게 가정해 봅시다. 소득이 적더라도 자살을 선택하지 않은 사람들이 있습니다. 물론 자살을 선택한 사람도 있습니다. 이렇게 본다면 저소득도 현상現像이고 자살도 현상이 됩니다. '그럼 본질本質은 무엇일까요?' 자살의 본질을 확인하기 위해서는 저소득계층에게 물어야 합니다. 하지만 묻지 않습니다. 이미 '돈일 것이야'라고 결론을 내고 접근하고 있기 때문입니다.

저는 이렇게 가정하여 봅니다

"소득이 감소한다. 소득이 줄면 어떤 일이 벌어질까? 소득이 줄어든다면 사회적 관계도 줄어들 수밖에 없다. 당연히 시장과 모임에 가는 빈도頻度가 줄어들 것이다. 만남이 줄어들면 타자와의 대화도 줄어든다. 타자와의 대화가 줄어들면 묻고 답할 기회도 줄어든다. 소득이 줄어들면 또 어떤 일이 벌어질까? 구매할 기회가 감소한다. 누군가가 일방적으로 제공해 주어야만 소비를 할 수 있고 자신 스스로 선택할 수 있는 기회가 점점 사라져간다. 소득이 줄어들면 시장에서 아무것도 할 수 없으니 행사行事할 수 있는 권한도 줄어든다."

또 이런 가정을 해봅니다

"소득이 줄어드는 것은 현상이고 소득이 감소함에 따라 공통으로 줄어드는 것이 또 있다. 그것은 권한이다. 기회와 권한이 감소한다면 존재의 의미도 감소한다. 아무도 나에게 의향意向을 물어오지 않을 것이고 그 무엇도 내 스스로 결정할 수 있는 것이 없다. 그럼 마지막으로 남아 있는 기회와 권한이 하나 있다. 삶에 대한 결정권이다. 바로 나의 생명이다."

이 가정을 대비하여 유명했던 연예인이나 운동선수들이 자살하는 대목을 가정해 봅니다. "유명했을 때는 사람들이 나에게 계속 의견을 물어온다. 어느 작품을 선택할지, 어느 팀에 갈지, 무엇을 입을지 등등. 작품을 어떻게 생각하는지, 어떻게 하면 운동을 잘 할 수 있는지 등등. 의견을 물어올 때마다 나의 결정을 필요로 한다. 유명할수록 모든 것이 나의 결정에 따라 움직인다. 그래서 질문은 존재의 의미를 확인시켜주는 힘이 있다는 것이다. 그 힘을 발휘할 수 있는 빈도가 증가할수록 존재가 인정되는 행복도 증가한다. 그런데 언제부터인가 나에게 물어오는 횟수가 줄어들기 시작한다. 인기가 예전만 하지 못하고 근력이 감소하여 기록도 낮아졌다. 이제는 내가 작품을 선택하는 것이 아니라 선택받기 위해 제작자에게 먼저 연락을 해야 한다. 배역도 내가 결정할 수 없다. 제작자의 결정에 따라야 한다. 내가 팀을 선택하는 것이 아니라 팀이 나를 선택할 때까지 기다려야 한다. 포지션도 내가 정할 수 없고 경기에 나가는 것도 나의 결정권 밖의 일이다. 이전 시절에 대비하여 내가 결정할 수 있는 기회들이 너무나도 없다. 그래도 내가 스스로 결정할 수 있는 것이 하나가 남아 있다. 바로 나의 삶의 결정권인 생명이다."

재산이 풍족한 노인의 예로 가정해 보겠습니다

"나이가 들어 기력이 줄어든다. 돈은 있어 풍족하지만 아무도 나에게 찾아오지 않는다. 젊은 시절, 중장년 시절에 나의 결정을 기다리던 사람들은 더 이상 나에게 찾아오지 않는다. 찾아오는 사람이 없으니 나에게 물어봐 주는 사람도 없다. 기력이 줄어들어 소비할만한 상품도 없고 다 부질없는 일이다.' 저소득 노인이라면 상황은 더 할 것이다. '나이가 들어 기력도 없고 돈도 없다. 정부의 지원만 바라봐야 하고 손주들도 찾아오지 않는다. 설령 찾아온다고 하더라도 그들에게 내가 해줄 것이 없다. 짐만 될 뿐이다. 이제는 내가 결정할 것이라고는 오직 하나, 생명만이 남아있다."

가정적 상황을 제시하여 보았습니다. 경제적 요인은 현상이며 본질이 아닙니다. 본질은 기회와 결정권이 감소하는 것, 사회적 관계가 단절되어 대화에서 얻을 수 있는 질문과 답변의 기회도 단절되는 것 입니다. 이 가정이 승인된다면 남은 질문이 있습니다. 소득이 감소하고 사회적 관계가 단절됨에도 불구하고 그것이 자살의 동기에 영향을 주지 않는 사람들. 즉 자살을 선택하지 않는 사람들은 그 이유가 무엇일까 궁금해집니다. 자살의 동기 요인에서 권한과 질문이 중요한 영향을 줄 것이라는 가정을 여기에도 대입해 보겠습니다. 위의 예에서 연예인과 운동선수로 되돌아가 봅시다. 인기가 좋을 때, 경기나 성적이 좋을 때에 사람들이 찾아와 자신에게 질문을 합니다. 자신의 선택을 기다립니다. '이때 그 질문에 대한 답을 결정할 권리는 누구에게 있을까요?' 당사자 자신입니다. 그런데 당사자 자신보다는 다른 사람들이 결정하는 경우들이 있습니다. 부모들, 또는 매니저, 또는 소속사의 입장으로 말이죠. 겉으로 보기에는 당사자 자신이 결정한 듯 보이지만 실제로 보면 결정의 지분이 극히 미비한 경우들입니다. 그렇다면 당사자가 주체적으로 결정한 것이 아닙니다. 주체성이 없는 결정은 이해관계자들의 결정에 대한 법적인 동의 내지는 확인일 뿐입니다. 질문을 받은 당사자는 그가 아닙니다. 주위를 둘러싼 이해관계자들에게 던져진 질문일 뿐입니다.

주체성을 상실하여 스스로 결정하지 못한 사람들은 목적격 'ME'가 주격 'I'에게 자신의 삶에 대한 질문을 던지지 못합니다. 당사자 자신에게 묻지 않았기 때문에 스스로에게 물을 수 없습니다. 삶의 결정권에 대한 본질적인 질문을 하지 못하고 대신 가십성 질문을 던집니다. 삶에서 벗어난 질문들을 던집니다. 목적격 자아가 제대로 된 질문을 던지지 못하니 주격 자아는 자신 안에 갇혀 버립니다. 자아가 주체성을 상실하게 됩니다. 주체적 삶을 상실하여 객체의 입장에 놓이게 되었지만, 그 본질을 인식하지 못합니다. 자신 안에만 머물면서 자기만 인식하게 되니 우월해집니다. 그렇다 보니 인기라는 현상에만 집착하게 됩니다. 삶의 방향을 결정하는 것이 아니라 쓰고 버려지는 소비만을 결정합니다. 옷을 사고 차를 바꾸고 집을 구매하는 선택들을 하지만 삶에 있어서 중요한 결정들이 아닙니다. 그러다가 인기가 시들고 성격이 히향하는 길을 걷게 되면 이제 질문을 던지는 사람이 없어집니다. 사회적 관계가 단절됩니다. 소득이 줄어드니 소비의 선택도 줄어들게 됩니다. 묻는 사람도 없고 소비의 선택도 줄어드니 이전과는 상황이 완전히 달라짐을 인식합니다. 이때 자아는 자신을 깨고 밖으로 나와야 하지만 쉽지 않습니다. 목적격 'ME'는 이 상황을 주격 'I'에게 사실 그대로 전달하여야 하지만 전달할 수 없습니다. 단절되었기 때문입니다. 설령 전달한다고 하더라도 주격 'I'가 듣지 않습니다. 듣게 되면 이 사실을 인정하여야 하고 결국 자아를 깨고 나와야 하는 두려움 때문입니다. 더욱 두려운 것은 깨고 나오는 순간 자신이 삶의 주체가 아니라 객체였음을 인정해야 합니다. 자아는 결국 자신 안에서 나오지 않는 것을 선택합니다. 자신 안에만 머물기를 원하는 자아의 선택은 이제 하나가 남습니다. 이 현상을 그대로 유지할 수 있는 방법은 하나, 자신의 생명뿐입니다.

우리는 자문自問의 의미를 자기의 고민을 자기에게 묻는다는 것으로 한정합니다. 하지만 타자의 모든 질문은 자신에게 묻는 자문이기도 합니다. 그러므로 주격 자아 'I'는 두 번의 질문을 받습니다. 하나는 타자의 목적격 자아 'ME'의 질문, 그리고 하나는 자신의 목적격 자아 'ME'의 질문입니다. 그리고 자신의 목적격 'ME'와 타자의 목적격 'ME'에게 두 번의 대답을 합니다. 두 번의 질문과 대답으로 자신과 타자에게 묻고 답하니 힘이 있다는 것을 인식합니다. 질문에 힘이 있기에 권한이 되고 권한이 주어진 자는 주체가 됩니다. 그런데 만약 그 질문을 자신에게 묻지 않고 다른 이해관계자들이 대행한다면 자신에게 힘이 없는 것입니다. 겉으로는 수많은 사람과 질문들에 의해 우월한 듯 보이지만 자아 스스로는 아무것도 결정할 수 없는 우울에 빠집니다. 타자의 질문을 스스로에게 묻기에 자아는 수단이 아닌 목적으로 존재하게 됩니다. 그렇기 때문에 질문은 사람을 수단으로 대하지 않고 목적으로 대하는 최고의 방법입니다. 만약 스스로에게 묻지 않고 타자가 그것을 대행한다면 자아는 수단이 됩니다. 왜냐하면 자신이 결정한 것이 아닌 타자의 결정을 확인하고 동의하는 수단으로 활용되기 때문입니다. 자아의 주체적 삶을 위한 중요한 결정을 묻는 것이기에 자신에게 향하는 질문은 목적이 됩니다. 사람은 그렇게 질문을 받음으로써 삶의 목적으로 존재하게 되고 마침내 세계 안에 존재로서 인정됩니다. 질문을 통해 삶의 목적인 된 자아는 결정의 주체가 됩니다. 주체가 됨으로써 자신이 자유로움을 인식합니다. 그 자유로움은 사람을 촉진합니다. 자문自問하여 스스로 답함으로써 삶의 주체로 나아갑니다. 이것이 바로 질문이 가진 진정한 힘입니다.

수도승과 봉쇄 성직자의 경우에는 자살이 흔하지 않습니다. 사회적으로 단절되고 자신에게 묻는 사람들이 극히 제한되어 있는데도 말입니다. 그들은 스스로 자문하는 것이 일상이신 분들입니다. 사람들은 이것을 성찰省察이라고 합니다. 조직에서 일어나는 수많은 현상이 있습니다. 사람들은 그것을 문제라고 합니다. 조직의 생존을 위해 문제에 대안을 찾기 위해 노력합니다. 문제적 접근보다는 본질을 찾는 성찰적 접근으로 전환해야 합니다. 그러려면 구성원에게 물어야 할 것이고, 구성원은 스스로에게 물어야 할 것입니다. 조직 스스로도 물어야 하겠습니다. 그런 과정 속에서 사람이 살고 조직이 살았으면 하는 바람입니다. 기계적 접근이 아닌 성찰적 접근으로 자신을 인식하고 사람을 인정하는 조직이야 말로 사람이 사람답게 일하는 조직입니다.

피터 드러커의 MBOmanagement by objective and self control는 목표설정, 목표실행, 목표평가 이렇게 세 단계로 나뉩니다. 이중에서 목표의 설정단계에 MBO의 70%를 할애합니다. 조직에서 제시한 목표와 구성원이 제시하는 목표가 합의되는 과정입니다. 이때의 목표란 조직이 던진 '질문'에 대한 구성원의 '의견'입니다. 좋은 질문들이 오고가기 위해서는 조직과 구성원 양자 모두가 조직의 목표에 대해 성찰하여야 할 것입니다. 이렇게 질문과 답을 통해 의견을 주고받으면서 달성하고자 하는 최종 목표에 합의합니다. 구성원에게 질문을 하지 않는다면 굳이 70%까지 필요하지 않습니다. 이미 조직에서 정해진 것을 구성원에게 설득하면 되는 일입니다. 말이 설득이지 강요된 목표입니다. 질문이 없는 결정에 자유를 훼손당했으므로 목표의 실행과정에서 'self control(자기절제와 자발성)'을 기대할 수 없습니다. 'MBO'라는 관리방식만 남고 구성원의 'self control'이 작동하지 않으니 성과를 기대할 수 없습니다.

미하이 칙센트미하이Mihaly Csikszentmihalyi의 『몰입의 즐거움』에서는 몰입되는 대화의 중요성과 함께 대화를 유익하게 하는 비결을 질문으로 제시합니다. 상대방의 목표와 관심사를 알아야 대화가 유익해지는데 그것을 알기 위해서는 물어야 한다는 것입니다. 오늘날 구글의 운명을 바꾸었다고 전해지는 OKRObjective Key Result의 핵심도 질문입니다. 목적O을 설정하고 핵심결과KR를 계획하는 것은 조직과 구성원과의 질문에 의해

서입니다. 그래서 'OKR은 곧 CFRConversation Feedback Recognition이다.'라고 말합니다. OKR의 작동 엔진이 CFR이고 CFR의 작동원리는 질문입니다. 대화와 피드백, 그리고 인정은 질문과 답변의 과정 안에서 이루어집니다. 대화는 목적을 달성하기 위한 시간입니다. 이때에 대화의 주체는 구성원입니다. 구성원이 대화의 주제를 설정하고 조직은 참여합니다. 서로가 자유로운 질문을 통해 의견을 주고받습니다. 피드백은 명령이 아닙니다. 대화 속에서 조직과 구성원은 서로 질문하고 함께 선택합니다. 조직이 구성원에게, 구성원이 조직에게 피드백을 줍니다. 이러한 상호 피드백이 가능한 것은 구성원을 인정하기 때문입니다. 끊임없는 격려와 지지, 그리고 칭찬하는 이유도 구성원이 자발적이고 자유로운 훌륭한 존재라고 인정되기 때문입니다. CFR에서 대화의 핵심은 경청입니다. 피드백의 핵심은 질문과 답변, 그리고 인정의 핵심은 칭찬입니다. 다음 장에서 좀 더 자세히 다루어 보겠습니다.

과정의 자유와 결과의 예속

구성원을 인정하고 인정되는 방법 세 가지를 말하겠습니다. 먼저 칭찬(CFR의 R, Recognition)입니다. 흔히들 사람을 인정하는 방법으로 칭찬을 말합니다. 좋은 방법입니다. 그런데 칭찬에도 방법이 있습니다. 방법을 잘 쓰면 약이지만 못 쓰면 독이 됩니다. 칭찬이 독일 될 때는 과정이 아닌 결과를 칭찬할 때입니다. 자녀가 100점을 받아 왔습니다. 자녀가 노력해서 얻은 결과일 것이니 칭찬은 당연합니다. 너무 잦은 칭찬은 오히려 자녀에게 해害가 될 수 있으니 너무 하면 안 된다는 말도 있습니다. 틀렸습니다. 칭찬은 무조건 좋은 것입니다. 착한 일을 자주하면 칭찬을 자주 하는 것이 맞습니다. 다만 잦은 칭찬이 해가 되는 이유는 과정을 칭찬하는 것이 아니라 결과를 칭찬하기 때문입니다. 과정이 아닌 결과를 칭찬하는 것은 좋지 않다는 말을 들으신 경험이 있을 겁니다. 그 이유를 설명하고자 합니다.

100점을 받아 온 결과를 칭찬하면 자녀는 100점이라는 결과를 칭찬받는 것입니다. 그렇게 되면 자녀는 다음에도 100점을 받기 위해 더 노력할 것입니다. 하지만 100점을 못 받게 되면 칭찬을 받지 못할 것이라는 두려움이 생깁니다. 자신이 부모로부터 인정받은 이유는 100점이라는 결과라고 인식하기 때문입니다. 100점을 받지 못했더니 부모의 칭찬 정도가 이전보다 감소했습니다. 그럼 그만큼 인정을 받지 못한 것입니다. 항상 100점을 받아오더라도 부모의 칭찬은 감소합니다. 처음에 받아 온 100점과 비교하여 부모의 감흥이 감소하므로 표현도 감소합니다. 100점이라는 결과는 같은데 부모의 칭찬은 감소했으니 자녀의 입장에는 의문이 생깁니다. '무엇이 잘 못 된 걸까?' '자녀는 부모의 칭찬을 받기 위해 더 노력할까요?' 더 노력하거나 아니면 그 정도의 칭찬에서 만족하거나 두 개의 선택지가 있습니다. 노력하든 그렇지 않든 변함이 없는 것은 결과에 대한 집착입니다. 이렇게 되면 자녀는 시험 점수라는 결과의 객체로 남게 됩니다. 항상 부모로부터 결과에 대해 인정받고자 합니다. 그러므로 과정이 아닌 결과에 대해 칭찬하는 것은 자녀를 수단화합니다. 부모의 기쁨이라는 감정에 수단화된 것이고 자녀들 스스로의 삶의 목적이 아니라 부모의 수단이 되어 갑니다.

프로젝트에 성공한 구성원에게 상급자가 칭찬을 합니다. '우리 팀의 김대리가 프로젝트를 수주했습니다! 실로 놀라운 성과입니다.' 이 역시 결과에 대한 칭찬입니다. 김 대리는 더 노력할 것입니다. 그런데 그 이후에 수주한 프로젝트는 칭찬받은 프로젝트의 수준보다는 못할 수 있습니다. 그러면 상급자의 칭찬의 표현은 감소합니다. 또는 프로젝트를 수주하지 못할 수도 있습니다. 상급자는 칭찬하지 않을 것입니다. 이렇게 되면 김 대리는 상급자의 인정 정도가 감소했다는 것을 의식합니다. 김 대리는 두려워집니다. 김 대리도 선택해야 합니다. '더 무모한 프로젝트에 도전하든가, 아니면 현재의 인정으로 만족하든가' 어쨌든 김 대리는 100점 맞은 자녀에게 결과로 칭찬한 것처럼 인생의 객체가 됩니다. 항상 결과에 대해 조직으로부터 인정받기 위해 일을 합니다. 그는 조직과 상급자로부터 그 스스로의 목적이 아닌 수단으로 대해집니다.

'자녀의 100점과 김 대리의 프로젝트 성공 여부를 비교하여 무엇이 같고 다를까요?' 공통점은 '칭찬은 인정이다. 결과의 정도에 따라 인정의 정도가 다르다, 인정을 못 받으면 두렵다'입니다. 다른 점은 자녀의 경우에는 점수에 따라 인정의 정도가 다를 수 있습니다. 김 대리는 성공과 실패라는 극단으로 인정과 불인정의 여부가 결정됩니다. 가족은 결과의 정도가 다르다고 하더라도 가족의 구성원으로 인정됨은 변하지 않습니다. 하지만 조직은 결과의 정도가 아닌 오직 성공과 실패로 양분됩니다. 결과에 따라 구성원으로 인정되거나 그렇지 않거나 둘 중의 하나입니다. 결국 김 대리는 떠나거나 혹은 남겠지만 열심히 하지 않게 됩니다. 떠나는 것은 인생의 주체가 되기 위한 선택이며 남아서 열심히 하지 않는 것은 객체를 선택한 것을 의미합니다. 우리가 칭찬으로 인정하는 것은 주체가 되는 것을 기대하면서 하는 것이지 객체가 되는 것을 원한 것이 아닙니다. 그런데 현장에서는 그런 안타까운 일이 일들이 벌어집니다.

100점과 프로젝트 수주는 결과이며 현상입니다. 본질은 그 과정이라 할 수 있겠습니다. 우리는 칭찬을 할 때 현상을 칭찬하는 것이 아니라 본질인 과정을 칭찬해야 합니다. 그 과정이란 행동을 의미합니다. '네가 하고 싶은 게임도 줄이고 여러 문제를 풀어보더니 이렇게 좋은 점수가 나왔구나! 김 대리가 주말이며, 퇴근도 제때 못하고 연구하더니 이런 좋은 결과가 있군요!' 행동을 칭찬한 것임으로 결과 이전의 행동으로 인정받습니다. 행동은 주체가 스스로 결정한 행위이며 과정 자체가 본질입니다. 때문에, 그 후에 다른 결과가 나오더라도 주체의 행위는 변한 것이 아니기에 두렵지 않습니다. 칭찬의 정도가 감소가 되어도 그 결과가 아닌 행동에 대한 칭찬을 받은 것임으로 부모와 조직으로부터 동일한 인정을 받게 됩니다. 결과라는 현상은 성공과 실패로 억압하지만, 본질인 행동은 주체에게 자유를 줍니다. 결과가 아닌 과정에 대한 칭찬은 두려움을 없애고 도전할 수 있는 용기를 줍니다. 새로운 시도를 할 수 있다는 것은 모험이 인정되는 것입니다. 모험은 곧 자유를 의미합니다. 설령 100점을 못 받거나 프로젝트 수주를 못했더라도 과정에서 행동을 개선하면 됩니다. 용기와 개선의 주체가 타자가 아닌 자신에게 있으니 스스로 삶의 주체가 됩니다. 결과에 매몰되는 것은 객체입니다. 결과에 대해 칭찬을 기다려야 하는 존재가 객체입니다. 그러므로 주체가 되는 것을 기대하는 칭찬이라면 결과가 아닌 과정을 칭찬해야 합니다.

칭찬은 '행동의 인정'입니다. 아쉽게도 행동에 대해 칭찬한다는 것은 쉽지 않습니다. 칭찬을 자주 하면 좋은 것이지만 자주 하기 어렵다는 맹점이 있습니다. 행동을 칭찬하기 위해서는 자녀에게, 구성원에게 항상 관심을 두고 있어야 합니다. 그가 어떤 고민을 하고 있으며 무엇을 하려고 하는지, 그리고 어떻게 임하는지에 대해 주의 깊게 지켜볼 때 행동이 관찰됩니다. 내 일도 바쁜데 타자의 일거수일투족을 알아채는 것은 쉽지 않습니다. 그래서 칭찬이 독이 될 수 있습니다. 으레 칭찬을 해야 하는 상황이지만 행동을 보아오지 못했으니 결과에 대해 칭찬할 수밖에 없습니다. 의도한 것은 아니지만 결국 타자를 객체로 만들어 버릴 수 있습니다. 그러므로 칭찬을 할 수 있는 권한이 있는 사람이면 일을 중심으로 하기보다 사람이 중심이어야 합니다. 항상 관심 있게 지켜봐 주고 격려해야 하는 이유입니다. 그렇습니다. 칭찬은 매우 관계적인 행위입니다. 상대를 인정하기 위한 매우 귀하고 값진 행동입니다.

인정하는 두 번째의 방법은 경청(CFR의 C, Conversation)입니다. 대화에서의 경청은 있는 그대로 듣는 행위입니다. 그렇게 들을 수 있는 이유는 타자를 인정하기 때문입니다. 의사소통에 관련된 책이든 강의를 들으면 항상 경청을 이야기합니다. 오늘날 사람과 사람 사이의 덕목에 있어 경청만큼이나 중요한 것이 없을 듯합니다. 그런데 저는 경청보다 더 중요한 것이 있고 그것을 '질문'이라고 했습니다. 사람들은 경청하려고 합니다. 그런데 경청은 타자가 자신에게 말을 해주어야 합니다. 자신은 경청하고 싶어도 사람들이 말하지 않으면 과묵하거나 차가운 사람이 되어 버립니다. 그러면서 이렇게 말합니다. '자신은 마음이 열린 사람인데, 사람들이 말을 하지 않아' 경청하기 위해 기다리기만 하는 사람에게 무슨 말을 해 주어야 할까요? 이것은 주체와 객체가 전도된 것입니다. 경청의 의미에는 말을 하는 사람을 주체로 인정하는 존중의 미덕이 깔려 있습니다. 하지만 경청하기 위해 타자가 말해주기를 기다리는 것은 타자를 객체화하는 것입니다. 경청이 타자를 주체로 세우는 행위임에도 불구하고 경청하기 위해 타자가 와서 말해주기만을 기다리는 것은 사람을 수단화합니다. 이렇게 경청은 잘 못 이해되어 주체와 객체가 뒤바뀌어 버리기 일쑤입니다. 그렇기 때문에 경청이라는 이 아름다운 행위가 실생활에서 잘 발견되지 못합니다.

인정하는 세 번째의 방법은 진정한 질문과 답변(CFR의 F, Feedback)입니다. 우리가 선생님들에게 질문하는 것은 그에게 지식의 힘이 있다고 인정되기 때문입니다. 리더에게 묻는 것은 그에게 합리적인 결정을 감당할 수 있는 책임과 경험이 있다고 인정되기 때문입니다. 자녀에게 부모가 묻는 것은 그들의 성장함을 인정하는 것입니다. 그렇게 질문을 통해 인정된 사람들은 주체로서 행동합니다. 자녀들이 어렸을 때를 기억해 봅시다. 부모들은 자녀들에게 질문을 던집니다. 질문을 던진다는 그 행위 자체가 자녀를 주체로 인정하는 것입니다. 물론 부모들은 그 사실을 인식하지 못합니다. 자녀들의 경우에는 부모의 질문에 대해 나름대로 고민하고 답을 합니다. 어린 자녀에게는 주체가 되는 중요한 기회가 됩니다. 그러므로 부모들이 어린 자녀들에게 던지는 질문은 매우 의미 있는 행위입니다. 하지만 부모들은 큰 기대를 가지지 않고 어린 자녀들에게 질문을 합니다. 자녀가 답을 합니다. 그런데 그 답이 놀랍습니다. 부모가 예상하지 못한 답을 하는 경우가 종종 있습니다. 물론 답이 엉뚱하기도 합니다. 그러함에도 부모는 그 대답에 칭찬합니다. 답이야 어찌 되었든 자녀가 답을 한 그 자체를 인정해준 것입니다. 그 인정으로 자녀들은 점점 더 삶의 주체가 됩니다. 여기서 부모가 기대를 하지 않고 질문을 했다는 것이 중요합니다. 기대를 했다는 것은 부모가 이미 답을 가지고 던진 질문일 수 있습니다. 답을 가지고 던진 질문은 부모가 주체입니다. 그 답을 맞혀야 부모에게 칭찬을 받을 수 있는 자녀들은 질문의 객체가 됩니다. 자녀들은 부모의 답을 맞추는 수단이 됩니다. 답변에 따라 인정되고 불인정될 수 있는 질문에 의해 자녀들이 부모에게 종속됩니다. '우리 철수는 커서 무엇이 될 것이니?' 또는 '무엇이 되고 싶니?'라는 질문에 '철수는 철수가 될 거야'라는 아이의 답변을 경험한 적이 있으신가요? 저는 이 경우가 부모가 자녀를 인정하는 참다운 질문이며 자녀의 주체적인 답변이라고 생각합니다. 이 대화에 자녀의 답변을 인정하는 부모의 답변은 '그래 우리 철수는 꼭 철수가 되자!'입니다. 이것이 진정한 피드백입니다. 이런 질문과 답변을 통해 자녀들은 목적을 가진 주체로서 자랍니다. 제 아이들은 어느 날에는 '고양이가 될 거야'라고 한 적이 있습니다. 자아 인식의 틀이 즉자존재即自存在에서 대자존재對自存在로 확장되었습니다(『정신현상학』, 125쪽). 이 대답에 이렇게 칭찬했습니다. '그래 우리 아들, 커서 고양이가 되자!' 목적을 인정받은 우리 아이는 언젠가는 자신의 인식 틀을 더욱 확장하여 세계를 보게 될 것입니다. 그대로 인정해주는 것, 답변자를 주체로 세우는 것, 이것이 인정의 대화인 질문과 답변입니다.

아이들이 커 가면서 부모는 자녀의 답변에 개입하려고 합니다. 어릴 적에는 질문에 대한 답을 사전에 결정하지 않고 질문을 했습니다. 그런데 자녀들이 성장하면서 질문에 대한 답을 가지고 질문을 던집니다. 자녀들은 부모의 질문에 답변합니다. 부모들은 원하는 답을 자녀가 하기 전까지 질문을 멈추지 않습니다. 자녀들은 부모로부터 인정받기 위하여 부모가 원하는 답을 해야 합니다. 여기에서부터 경청에 금이 가기 시작합니다. 관계도 금이 갑니다. 주체와 주체가 아닌 주체와 객체가 되어 버립니다. 어릴 적에는 주체성을 인정받았지만 성장할수록 주체성이 박탈되는 모순적 상황입니다. 부모로부터 인정받기 위해 부모가 원하는 정답을 맞히지만, 주체였던 자녀들은 부모에게 종속되기 시작합니다. 답을 찾아가는 과정의 자유에서 원하는 답을 맞혀야 하는 결과에 종속됩니다. 부모도 자녀도 원한 상황이 아닙니다. 가족의 관계에서만 이런 일이 벌어지는 것이 아닙니다.

자녀가 성장할수록 제도권 교육에서 원하는 답을 얻기 위한 질문을 받습니다. 상급학교에 진학할수록 자녀들은 주체성을 상실해갑니다. 그런데 가족에서까지 주체성을 인정받지 못한다면 자녀들은 사회에서나 집에서나 객체가 되어 버립니다. 자녀들이 성장해가면서도 그들을 인정할 수 있는 질문은 그들 스스로 답을 찾아갈 수 있는 질문입니다. 그들의 생각을 재촉해서 답을 얻어내는 질문이 아니라 그들의 생각을 촉진할 수 있는 질문이어야 합니다. 부모가 답을 정해놓은 질문보다는 함께 고민하는 질문이 좋습니다. 토론할 수 있는 질문, 경청할 수 있는 질문이어야 합니다. 질문과 답변을 통해 부모와 자녀의 대화는 이제 문답이 아니라 서로의 의견이 됩니다. 의견을 통해 서로에게 인정되고 불인정되는 정반합正反合의 과정을 겪게 될 것입니다. 그 과정에서 삶의 진리를 찾아가는 진정한 문답이 시작됩니다. 조직도 이와 같습니다. 인정과 불인정의 의견을 모을 수 있는 문답이어야 합니다. 인정하고 인정되기 위한 세 가지의 방법 중 가장 중요한 것은 질문과 답변입니다. 이제 다음 장에서 그 이유를 설명하겠습니다.

주인과 노예의 질문

헤겔의 정신현상학에서 사람의 의식은 두 가지의 방향이라고 보았습니다. 하나는 대상을 인식하는 의식이며 또 하나는 자기를 바라보는 의식으로 이것을 자기의식이라 합니다. 이렇게 대립하는 두 의식이 존재하게 되는데 이를 주인과 노예의 예를 통해 설명합니다.(『정신현상학』, 228쪽) 주인은 자립적인 의식이고 노예는 타자에 대한 존재를 본질로 하는 비자립적 의식입니다. 헤겔의 주인과 노예의 변증법을 통해 질문의 참다운 의미와 진정성이 있는 질문의 무엇인지에 대해 탐색해보겠습니다.

사람은 자연自然과의 생명을 건 투쟁을 벌입니다. 자연과의 대립 속에서 명예를 걸고 생사生死를 건 투쟁을 하여 승리한 사람이 주인이 되고 패배하는 사람은 노예가 됩니다. 노예는 주인에게 예속됩니다. 주인과 노예

주인과 노예의 인정투쟁

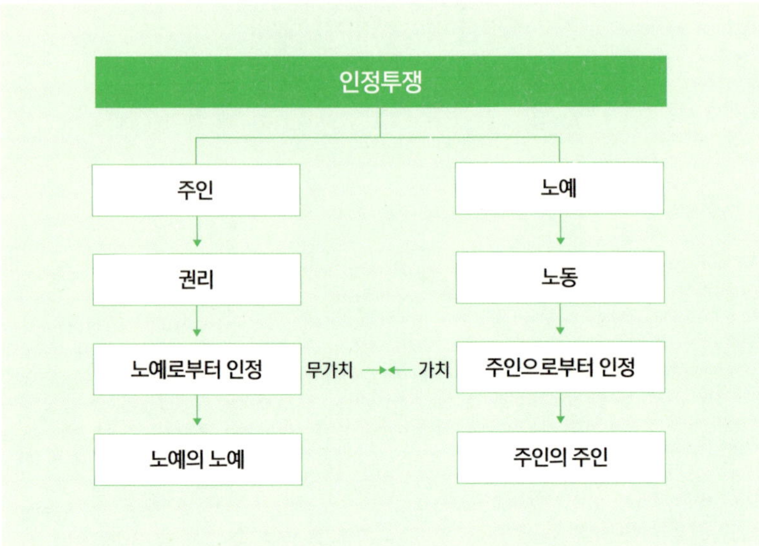

는 서로 인정받고 싶어 하지만 자립적 의식인 주인이 승리한 것입니다. 주인은 노예에 대한 권리를 갖고 예속시킵니다. 주인은 노예의 노동과 사물을 마음껏 향유享有합니다. 승리한 주인은 노예에게 인정되고 노예는 주인의 명령에 따르면서 주인에게 인정됩니다. 주인과 노예의 인정 관계에서 노동이 중요한 역할을 합니다. 노예는 주인에게 노동을 통해 인정받으면서 점점 자립화自立化됩니다(『정신현상학』, 255쪽). 반면 이제 주인은 노예가 없이는 살 수가 없게 됩니다. 자신 안에 갇혀 버립니다. 이제 노예 스스로가 자신의 존재를 인식하게 됩니다. 그렇게 노예는 자연과 관계를 맺어가며 자립적 의식이 되어 세계의 주인이 되어갑니다. 마침내 노예에게 자유가 획득됩니다. 반면 주인은 비자립적 의식이 되어갑니다. 주인이 이

상황을 바꾸고 싶지만 쉽지 않습니다. 이미 노예에 예속된 상황이고 자연과는 단절되었습니다. 자신의 변화를 촉진할 수 있는 대상이 노예이지만 자신이 무가치하다고 보는 대상도 노예입니다. 이렇게 노예는 주인의 주인이 되고 주인은 노예의 노예가 됩니다. 이를 주인과 노예의 인정투쟁recognition struggle이라고 합니다.

저는 헤겔의 주인과 노예의 인정투쟁에서 '질문'이 중요한 역할을 한다고 가정합니다. 자신이 어떤 존재인지를 아는 것은 타자의 의식을 통해 가능합니다. 나 아닌 다른 타자에게 인정을 받아야 자신의 진정한 존재를 인식할 수 있습니다. 그래서 질문을 던집니다. 질문을 받은 타자는 그 질문에 답하기 위해 고심합니다. 그 질문에 답을 하면서 자기를 인식하게 되고 스스로 성장합니다. 저는 주인과 노예의 관계에서 주인이 노예에게 일방적인 명령만을 하지 않았을 것이라 가정합니다. 분명 주인은 모르는 세계에 대해 노예에게 질문하였을 것입니다. 주인이 노예에게 질문을 하는 것은 노예를 인정함입니다. 노예는 자신에게 질문하는 주인으로부터 인정받기 위해 답을 찾습니다. 주인은 노예에게 답을 내라고 재촉합니다. 그 재촉에 의해 노예는 주인에게 답을 합니다. 이러한 질문과 답변의 오고 가는 과정에서 노예는 자연을 이해합니다. 그리고 스스로를 인식합니다. 자연과 끊임없이 관계하면서 자연에 대한 궁금증을 스스로 물어보기 시작합니다. 노예는 스스로 촉진되기 시작합니다. 이제 주인은 노예의 답변이 없으면 답을 얻지 못하는 처지가 되어 됩니다. 점점 더 노예는 주체가 되고 주인은 객체가 되어 갑니다. 노예는 자신의 삶을 깨고 나와 주

주인과 노예의 인정투쟁 중 저자의 가정 구간

인으로부터 독립합니다. 주인의 질문은 노예를 각성시키고 자신의 삶과 자연에 대해 스스로 질문할 수 있게 합니다. 질문을 통해 자유를 인식한 노예는 주인으로부터 독립되어 드디어 진정한 자유를 획득합니다. 어느 순간 질문에 촉진된 노예가 주인에게 오히려 질문을 합니다. 주인은 노예의 질문에 놀랍니다. 주인의 질문을 통해 답변하던 노예가 이제는 주인에게 질문하는 주인이 되었습니다. 노예로부터 질문을 받은 주인은 그제야 각성합니다. 노예에게 주인이 촉진됩니다. 질문에 의해 또 그렇게 주인은 노예의 노예가 되고 노예는 주인의 주인이 되어갑니다.

'부모와 상급자'는 주인이고 '자녀와 구성원'은 노예의 관계로 가정합니다. 부모와 상급자는 칭찬하고 경청을 하여 자녀와 구성원을 인정하고자 합니다. 자녀와 구성원은 부모와 상급자의 칭찬과 경청의 행위로 인정되고자 합니다. 그러나 부모와 상급자는 자녀와 구성원이 노예가 아닌 주인이 되기를 바랍니다. 주인이 되어 삶의 주인, 조직의 주인이 되기를 희망합니다. 하지만 칭찬과 경청만으로는 쉽지 않습니다. 칭찬하는 자가 주인이고 들어주는 자가 주인이며 칭찬받고 듣는 자는 노예로만 남기 때문입니다. 그들을 진정한 주인으로 세울 수 있는 방법은 그들을 주인으로 인정하는 것뿐입니다. 그러기 위해서 질문을 합니다. 질문은 타자를 주인으로 인정하는 행위입니다. 그것이 인정의 행위가 되는 것은 질문을 받는 사람에게 권한의 힘이 있다고 믿기 때문입니다. 부모와 상급자의 질문을 통해 자녀와 구성원은 답을 내기 위해 고민합니다. 그리고 답을 합니다. 질문과 답변이 오고 가면서 자녀와 구성원은 삶의 주체가 되어갑니다. 스스로 묻게 됨으로써 독립적인 자유를 인식합니다. 그리고 주인이 되어 마침내 자유를 획득합니다. 질문은 노예인 자녀와 구성원에게 주인의 의식을 심어줍니다. 이제 자녀와 구성원은 스스로 질문을 할 수 있게 됩니다. 그리고 이제 상급자와 부모에게 질문을 합니다. 상급자와 부모는 구성원과 자녀의 질문이 놀랍습니다. 이제 상급자와 부모는 질문에 답을 해야 할 처지이지만 상급자와 부모가 바라던 바입니다. 그들은 이제 삶과 조직의 주인이 되었습니다. 곤란해진 상황이지만 즐겁습니다. 구성원과 자녀의 질문에 답을 찾기 위해 부모와 상급자는 세계를 바라보기 시작합니다. 이제 상급자와 부모는 구성원의 구성원, 자녀의 자녀가 되었으며 구성원과 자녀는 상급자의 상급자, 부모의 부모가 되었습니다. 이렇게 서

인정투쟁과 조직의 인정투쟁의 비교

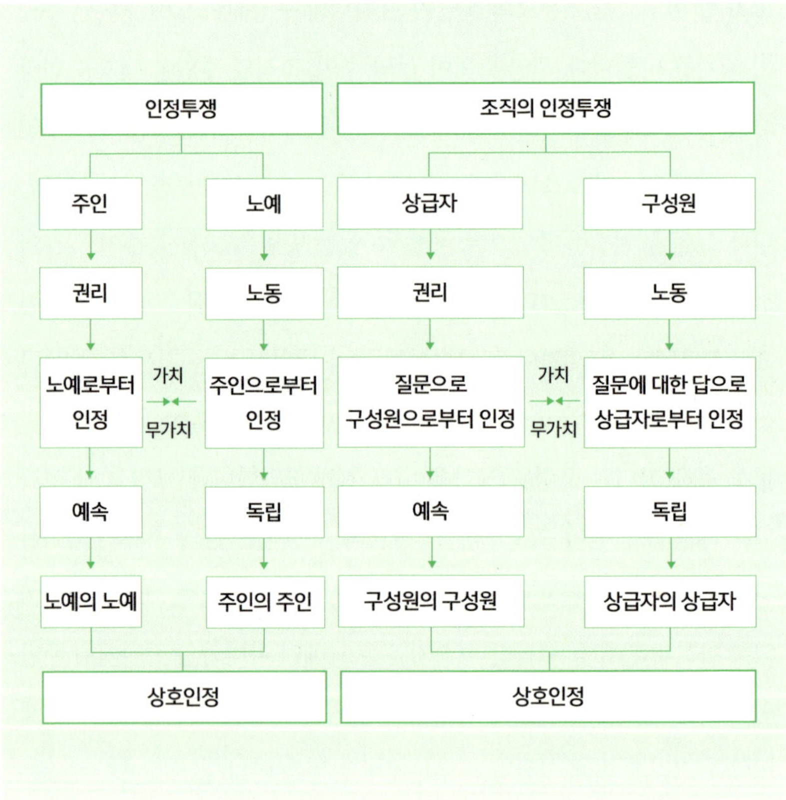

로의 인정이 시작됩니다.

노예인 구성원이 주인이 된다는 것이 주인에게는 두려울 수도 있습니다. 상급자에게 있어서 노예인 구성원에게 인정된다는 것은 의미와 가치가 있는 일이 아닙니다. 그러나 질문하지 않고 노동만을 시킨다고 하더라도 결국 노예는 자연과 관계하여 주인이 됩니다. 주인은 노예를 부리기만 하다가 자연과 관계하는 것을 망각하게 될 것입니다. 주인은 노예 없이는 할 수 있는 것이 없어 자유를 상실할 것입니다. 결국 일을 제대로 하는지 신경만 쓰고 감시만 하다가 노예에게 종속되고 맙니다. 네 맞습니다. 주인은 언젠가는 투쟁에 패배해서 노예의 노예가 될 운명입니다. 그런 것이라면 차라리 노예를 주인으로 인정하는 질문을 하는 것이 낫습니다. 그러면 당신은 주인의 주인이 됩니다. 부모의 부모가 됩니다.

그렇다고 아무 질문을 던진다고 해서 노예가 주인으로 인정되는 것은 아닙니다. 주인은 노예에게 진정성이 있는 질문을 해야 합니다. 마음을 떠보는 질문, 수준을 알아보기 위한 질문, 비아냥하는 물음은 질문이 아닙니다. 흔히 '답정너'라고 합니다. 이런 질문은 타자가 가지고 있는 힘을 인정하고 존중하기 때문에 질문을 던지는 것이 아닙니다. 자신의 지위를 각인시키거나 생각을 전달하기 위해 묻는 형식을 취합니다. 이는 질문이 아닌 명령과 복종의 요구입니다. 사람들은 이런 형태의 질문을 접하면 말하기를 멈춥니다. 왜냐하면 형식은 질문이지만 '말하기'가 아닌 '듣기'와 '확인'을 요구하고 있다는 것을 감지하기 때문입니다. 명령조의 질문을 던지는 것은 전달방식의 하나로 사용될 뿐입니다. 대화의 형식이기는 하지만 전달의 목적으로 사용된 경우입니다. 그렇게 질문으로 전달되었으니 소기의 목적은 다합니다. 그러나 경청이나 대화를 기대할 수는 없습니다.

진정성이 있는 질문을 위해서는 질문하는 사람의 취약함을 스스로 인정하여야 합니다. 타자에게 질문을 하는 것은 내가 그것을 알 수 없기 때문입니다. 그리고 그 해답을 알아야 하기 때문입니다. 아무리 해도 자기 스스로 그것을 해결할 수 없으니 질문을 타자에게 합니다. 자기 스스로 해결할 수 없기에 나의 무지함이나 경험의 부족함을 고백합니다. 무엇인가 내가 부족하고 그 답을 알 수 없기 때문에 타자에게 질문을 건넵니다. 이 사실을 인정할 때 진정성이 있는 질문이 됩니다. 이렇게 취약함을 인정하는 것을 '자기인식'이 되었다고 말합니다. 즉 자기인식이란 자신의 부족함을 인정하는 것입니다. 진정성이 있는 질문은 여기서부터 시작됩니다. 이 질문을 받은 타자가 인식하는 것은 질문하는 사람의 부족함과 취약함이 아니라 진정성입니다. 진정성이 있는 질문을 하게 되는 자기인식은 용기를 필요로 합니다. 질문을 한다는 것은 타자에게 힘이 있다는 의미와 함께 타자의 답변에 따라서는 자신의 삶의 태도를 바꿀 수 있다는 의지를 필요로 합니다. 만약 질문에 대한 대답을 참고만 하겠다고 가정한다면 진정성이 있는 질문이 아닙니다. 너무나 간절하기에 취약함을 들어내면서까지 물어본 것이고 답변에 의해 그 취약성을 채우고자 합니다. 그러려면 타자의 답변에 따라서 응당 자신에게 변화를 주어야 합니다.

그 변화는 분명 불편을 주겠지만 그것을 기꺼이 수용한다는 것은 그것이 진정성이 있는 질문이기 때문입니다. 즉, 진정성 있는 질문이란 바로 자기 절제와 같습니다.

4부

인정하는 평가 인정되는 보상

recognition

Organization

democracy

연명을 위한 암투

인정이란 인정받는 주체로 하여금 사회적 수용, 나아가 존경까지 기대할 수 있게 하는 개인적 속성을 부여하는 사회적 행위이다. _악셀 호네트

제가 겪은 일입니다. 부장직으로 채용되었지만, 경력 미비를 이유로 과장 발령을 받은 경험이 있습니다. 법인이라는 사회에서는 부장으로 불인정되었지만, 개인적으로는 스스로를 부장으로 인정하였습니다. 저의 자기인식과 접하는 세계 사이의 충돌이었습니다. 이전에 일하던 다른 조직에서도 부장직으로 근무하였지만, 어찌 된 일인지 새로운 법인은 저를 불인정하였습니다. 그 이유에 대해 정확하게 말해준 사람은 없고, 그저 떠도는 소문들을 유추해 볼 뿐이었습니다. 사람이 인정을 받지 못하고 불인정되면 이상증세가 나타납니다. 저는 그 당시에 법인의 세미나 등에 참

석하면 심한 구토와 어지러움 증세가 있었습니다. 3년 정도가 지나 부장으로 인정되고 난 이후에도 이 증세는 멈추지 않았습니다. 또 이런 경험도 있습니다. 결정권을 빼앗겨 저를 건너뛰고 결재와 회의가 이루어졌습니다. 아무 일도 주어지지 않았지만, 급여는 받았습니다. 사람에게 있어 급여라는 것은 자신의 기여를 인정받는 것입니다. 아무런 기여도 하지 않으면서 급여를 받는 것은 불인정 상태에서의 보상이라는 의미입니다. 동료들은 괜찮다고 하였지만, 저 스스로 이 상황을 불인정하였습니다. 인정받고 싶었지만, 한없이 미안하고 부끄러웠습니다. 상황이 이러하면 잦은 실수를 하게 됩니다. 의욕도, 자신감도 없어집니다. 그 상황을 벗어나는데 꽤 많은 시간이 필요했습니다.

사람의 행동에는 모두 이유가 있습니다. 그 이유란 누군가로부터 인식됨으로써 인정의 욕구를 충족하는 것이라 할 수 있습니다. 조직에서 구성원이 선택하는 행동들을 보면 모두 인정과 관련되어 있습니다. 인정되기 위해 조직에 참여한 것이고 인정되기 위해 일을 하는 것입니다. 인정되면 사람의 행동은 건강합니다. '인정됨'이란 자신이 인정받고 싶은 사람에게 받는 인정입니다. 다수의 사람이 인정하지 않아도 자신이 인정받고 싶어 하는 사람에게 인정받는다면 인정은 획득됩니다. 반대로 다수가 인정한다고 해도 인정받고 싶어 하는 사람에게서 인정을 받지 못하면 불인정됩니다. 인정받고 싶지 않은 사람에게서 인정되는 것도 인정일 수 없습니다. 이렇게 인정받고 싶은 사람에게서 인정을 받지 못하면 욕구가 결핍됩니다.

인정이 충족되지 못하니 결핍과 불만족이 생겨 갈등이 됩니다. 인정을 충족시키지 못하는 두 가지의 경우가 있습니다. 첫째, 주격 자아인 'I'와 목적격 자아인 'ME'가 서로의 인식을 거부하면 스스로를 인정하지 못합니다. 이것이 내적 갈등입니다. 둘째, 타자를 통해 자신을 인식하지 못하면 인정받을 수 없습니다. 이것이 외적 갈등입니다. 외적 갈등은 외부적 요인이며 타자와의 갈등입니다. 내적 갈등의 원인은 자아의 내면에서 일어난 것이지만 이도 역시 외부적인 요인에 영향이 있습니다. 이 갈등적 상황을 해소하기 위한 방법은 단 하나밖에 없습니다. 내 안의 내외적 갈등은 모두 타자에게서 오는 것입니다. 그러므로 타자로부터 어떡하든 인정을 받아야 해소될 수 있습니다. 이때 인정받기 위해 부적절한 행동을 선택하는 경우가 '뒷담화'와 '왕따'입니다. 이 두 행동의 공통점은 '나'라는 자아와 인정받고 싶어 하는 '타자' 사이에 또 다른 다른 사람을 강제로 앉혀 자기보존을 위한 암투의 전쟁을 벌입니다. 명예를 건 인정투쟁이 아니라 생존이 주목적입니다. 명예를 위해 생사를 걸고 투쟁한 사람은 주인이 됩니다. 하지만 명예가 아닌 생존만을 위해 싸운 싸움은 노예로 남습니다. 왕따와 뒷담화의 목적은 자기보존입니다. 그러므로 인정투쟁이 아니라 '생존을 위한 전쟁'입니다. 노예가 인정투쟁이 아니라 생존의 전쟁을 한다면 노예는 노예로만 남고 주인이 될 수 없습니다. 항상 누군가의 희생에 의존함으로 독자적으로 자립할 수 없기 때문입니다.

뒷담화를 하는 이유는 자신을 인정받기 위한 수단으로써 타자를 대화의 주제로 쓰는 것입니다. 내가 인정받고 싶어 하는 타자와 관계하기 위하여 다른 사람을 수단으로 쓰는 '수단화'입니다. '그거 알아? 누가 어땠느니, 누가 어떻게 말했다느니' 등등 의 말로 대화를 시작합니다. 그것이 사실이든 거짓이든 중요하지 않습니다. 그렇게 대화를 시작함으로써 자신이 대화의 주체가 되는 것이 목적입니다. "어 그랬어? 정말 그랬단 말이지?" 타자의 반응에서 이렇게 동의가 표현되면 자신이 그 타자로부터 인정받는다고 인식합니다. 내·외적 갈등을 그렇게 해소합니다. 타자는 동의하는 반응을 보입니다. 그도 역시 인정받지 못한 자아를 가졌기 때문입니다. 동일한 갈등이 있는 자아였기에 그렇게 맞장구를 치며 서로를 인정합니다. 만약 부동의 한다면 불인정되어야 하는 내·외적 갈등이 두렵습니다. 만약 다른 타자로부터 이미 인정받고 있는 건강한 자아였다면 부동의 합니다. 뒷담화는 거기에서 멈추든가 다른 타자를 찾아가게 될 것입니다. '사람을 불러 모아서 뒷담화를 통해 사람을 수단화한 사람은 주체로 인정을 받았을까요?' 인정받지 못합니다. 불러 모아 온 사람들이 자신이 인정받고 싶어 하는 사람이 아닐 가능성이 높습니다. 뒷담화에 동의한 사람들은 내·외적 갈등의 가능성이 높은 타자일 것이기에 인정을 받을 만하지 않습니다. 부동의 한 사람은 내·외적 갈등이 없는 사람임으로 인정을 받고 싶을 만한 사람이겠지만 뒷담화에 끼일 가능성이 낮습니다. 뒷담화가 끊이지 않은 이유는 인정받지 못하는 사람들끼리 인정받기 위하여 타자를 수단화하지만, 자신이 인정받고 싶어 하는 사람이 그 대화에 끼지 않음으로 결코 뒷담화로는 인정받을 수 없기 때문입니다. 왕따도 동일한 맥락입니다. 왕따의 문화가 있는 집단을 보면, 숙주宿主가 전이轉移를 하듯이 대상을 옮겨 다닙니다. 항상 특정한 누군가를 수단화합니다. 특정한 사람을 인정하지 않으려고 하는 것은 내가 인정받지 못할 것 같은 두려움을 미리 해소하고자 함에 있습니다. 이렇게 접근한다면 왕따도 뒷담화와 같이 암투이며 생존을 위한 전쟁입니다.

양자의 차이점이 있다면 왕따가 '일의 영역'과 관계될 경우 인정투쟁이 될 수 있습니다. 사람을 제외하는 이유 중 부적합성不適合性이 있습니다. 조직에서 부적합하다고 해서 그가 무조건 잘못된 것은 아닙니다. 단지 나 또는 우리와 다른 이질성 때문입니다. 이질성異質性의 원인은 조직을 바라보는 관점이 다를 수 있고 또는 정의正義의 판단기준이 다르다는 것에 있습니다. 어쩌면 그 이질성에 의해 왕따가 되었지만 그의 관점이 맞을 수 있고 그가 정의로울 수도 있습니다. 관점과 정의의 판단기준이 다르다는 것은 인정과 불인정의 정반합의 상황입니다. 조직에서 정립定立된 바가 개인으로선 동의할 수 없으므로 반정립反定立된 의견을 마땅히 내어야 조직과 개인이 건강합니다. 정립과 반정립의 모순과 대립 속에서 갈등과 투쟁이 있는 것은 당연합니다. 조직과 개인은 그것을 견디어 내어야 합니다. 정립된 다수의 의견에 대해 자신의 의견이 반정립되어 왕따가 된다고 하더라도 그것은 명예를 건 투쟁임으로 정당합니다. 조직의 입장에서도 주체적으로 의견을 낸 반정립된 소수의 의견을 들으려고 할 때 종합綜合을 얻을 수 있습니다. 그러나 양자의 대립이 투쟁에 의해 종합되지 않는다면 완전한 부적합 상태가 됩니다. 완전한 부적합 상태란 완전한 불인정 상황입니다. 이때 사람은 결정을 해야 합니다. 그는 조식에서 주체가 될 수 없습니다. 객체로서 살아가기 보다는 주체의 삶을 선택하는 것이 합리적일 것입니다. 이제 선택을 해야 합니다. '주체로서 혼자 투쟁을 하든가, 자신의 반정립 된 의견이 수용될 수 있는 다른 조직을 선택하든가!' 어떤 선택이든 주체의 삶을 선택하는 것입니다. 또 하나의 부적합한 왕따의 경우는 조직의 기대에 못 미치는 경우입니다. 이 경우도 개인의 미숙이나 무지가 원인이라고 할 수 없습니다. 조직과 개인과의 차이에서 기인하는 것임으로 그 간극을 줄이는 시도가 필요합니다. 이 시도 역시도 인정과 불인정의 투쟁입니다. 하지만 이런 시도에도 불구하고 간극이 좁혀지지 않는다면 다른 조직이 그에게 더 나을 수 있습니다.

뒷담화나 왕따의 문화를 해소하는 방법이 고민스럽습니다. 해소의 방법으로 법을 제시하지만 '법'은 이 갈등을 해결하지 못합니다. 국내에 제정된 '직장 내 괴롭힘 방지법'은 법의 영역이지 인정의 영역이 아닙니다. 법은 지킬 것을 명하고 안 지키면 벌을 주는 것이지 사람의 인정과는 별개입니다. 서로가 인정되고 싶어 하고, 인정하고 싶어 하나 인정받지 못할 것 같은 두려움 때문에 왕따와 뒷담화가 있습니다. 이런 상황에서의 시비를 따지는 법은 개선보다는 처벌, 자유보다는 억압으로 작동합니다. 사람들이 원하는 것은 정의의 시비를 가리고자 함이 아닙니다. 구성원의 요구는 '나를 인정하라, 나는 인정받고 싶다' 입니다. 이 요구를 해소하고자 하는 의미에서 인사평가가 도입되기도 합니다. 조직에서 볼 때, 인사평가는 구성원의 성과보상 그리고 육성을 위한 제도입니다. 그러나 깊이 들어가 보면 결국 인사평가는 인정의 영역을 다루고 있습니다. 구성원은 자신이 어떻게 인정되고 있는지 궁금합니다. '분명 조직을 위해 기여하고 있는 것 같은데, 저 사람보다 내가 더 잘하는 것 같은데, 나는 지금 잘 하고 있는 걸까?' 이 질문에 대한 답이 궁금해서 구성원은 평가를 요구합니다. 하지만 조직은 인정욕구를 충족하기 위함이 아닌 기술적 평가를 할 뿐입니다. 하나의 제도에 대해 목적이 다르고 기대가 다르니 평가에 대한 저항이 있을 수밖에 없습니다. 인사평가에 관한 이야기는 뒤에 좀 더 하기로 하고, 여기에서는 뒷담화와 왕따를 해소하는 방법을 살펴보겠습니다.

첫 번째 방법은 역할의 인정입니다. 다시 주격 자아 'I'와 목적격 자아 'ME'로 돌아가 봅시다. 'I'와 'ME'는 인식 활동을 합니다. 주격인 'I'는 내면을 보는 것이고 여러 목적격인 'ME'는 외부를 보는 것입니다. 이것이 'I'와 "ME'에게 주어진 역할이며 인식 활동입니다. 인정의 시작은 주어진 역할을 인정해주는 것입니다. 그리고 서로를 받아들여 주는 것입니다. 갈등의 지점을 보면 각자의 역할을 인정하지 않는 것에서 출발합니다. '나는 밖을 보느라고 힘든데, 너는 왜 한가하게 안에만 바라봐? 나는 안을 보기도 힘든데 너는 왜 시끄럽게 밖의 이야기를 해?'라고 'I'와 'ME'가 서로의 역할을 인정하지 않는 것이 바로 내적 갈등입니다. 자아의 목적격 'ME'와 타자의 목적격 'ME'가 서로의 역할을 인정하지 않는 것이 외적 갈등입니다. 조직도 역시 그러합니다. 조직의 목표를 위해 각자에게 주어진 역할을 인정하는 것이 필요합니다. 역할은 위계를 말하는 것이 아닙니다. 직위나 지급이 아닌 역할의 조직이 필요한 대목입니다. 마치 'I'와 'ME'가 서로 간에 위계가 없이 역할에 있어서 서로 동등하 듯이 말입니다.

두 번째 방법은 질문입니다. 사람들이 뒷담화하고 왕따를 하는 이유는 인정받기 위함이라 밝혔습니다. 'I'와 'ME'를 가진 자아와 타자가 서로 인정하는 방법은 '질문'에 있습니다. 의견을 물어보는 것입니다. 타자를 대화의 주제로 강제로 데려오는 수단화의 이유는 누구도 나에게 물어봐 주지 않기 때문입니다. 사람은 대화를 통해 서로를 인식하고 인정합니다. 누군가가 나에게 말을 걸어주길 바라지만 아무도 말을 걸지 않습니다. 의견은 묻지도 않고 일만 시킵니다. 말할 사람도 없으며 말할 소재도 없고, 시키는 일만 하니 인정받고 있지 못함을 느낍니다. 인정받지 못하니 불안하며 두렵습니다. 목적격 자아 'ME'는 자신의 존재를 인식하고 싶지만 말을 걸어주지도 않고 일만 시키니 존재의 목적을 실현할 수가 없게 됩니다. 이 상황을 해결할 방법은 누군가와 말을 하는 것인데 주제가 마땅치 않습니다. 결국 선택한 것이 타자의 수단화입니다. 이것만큼 관심을 끄는 대화의 주제도 없습니다. 이러한 불안과 두려움이 왕따와 뒷담화를 만듭니다. 그러하니 대화의 주제를 끊임없이 만들어야 합니다. 하지만 많은 조직에서는 질문을 잘 하지 않습니다. 경험해 보면 질문이 많은 조직일수록 왕따와 뒷담화는 감소합니다. 타자의 수단화를 할 기회가 마련되지 않을 정도로 정기적, 부정기적으로 질문을 하는 것입니다. 대화의 주제가 제공되니 타자의 수단화가 필요 없습니다. 굳이 수단화를 하지 않아도 대화의 주제가 있으니 뒷담화나 왕따는 그다지 흥미롭지 않습니다. 공식적인 채널이 있고 실질적으로 가동되며 다양한 채널에 의해 의견의 주고받음이 가능하다면 사람들은 그 채널을 이용하기를 원합니다. 채널을 통한다면 자신의 의견이 공식적으로 인정되기 때문입니다.

간혹, 머리에 띠를 두르고 임금인상과 처우개선을 외치는 구성원의 모습이 뉴스에 나옵니다. 표현된 욕구는 그러하지만 저변에 깔린 숨겨진 욕구는 '인정'입니다. 결핍된 인정욕구가 외침의 본질입니다. 질문을 받은 적도 없고 시키는 일만 하는 상황에서 인정욕구가 결핍된 것입니다. 하지만 사람들은 인정욕구가 결핍되었음을 인식하지 못합니다. 대신에 임금과 처우가 형편이 없다는 것을 인식합니다. 사람들은 본질보다는 표면상 드러나는 현상에 따릅니다. 현상으로 인식한 바를 욕구로 표현합니다. 때문에, 임금과 처우가 개선되어도 인정의 욕구는 충족되지 않습니다. 묻지 않는 것은 여전하기 때문입니다. 또한 역할에 혼란이 있습니다. 주어진 역할은 다르지만 목표를 달성하는 데에 있어서 높고 낮음은 없습니다. 하지만 역할의 경중을 매기니 위계가 되고 그 위계에 의해 서로를 불인정합니다. 뒷담화가 횡횡하고 왕따가 만들어집니다. 결국 법이 들어와 시비를 가리려고 합니다. 하지만 인정의 영역에서 발생된 갈등임으로 법으로 해결하기가 쉽지 않습니다. 결국 조직은 인정투쟁이 아닌 만인의 전쟁 상태가 되어 버립니다.

자아의 'I'와 'ME'는 서로를 인식하고 인정합니다, 인정된 자아와 타자 간에 인식과 인정이 일어납니다. 이 과정에서 인정되지 않으면 인정을 받기 위하여 비합리적인 선택을 합니다. 그것이 조직의 뒷담화와 왕따입니다. 해소의 방법은 인정입니다. 우리는 종종, 조직에서 일어나는 갈등(예시로 든 뒷담화와 왕따 등)을 해결하기 위해 그 갈등 지점을 주목합니다 하지만 갈등 지점은 표현된 것이고 내면에 깔린 요인들을 탐색할 필요가 있습니다. 만약 갈등 지점만을 보게 된다면 해결 방법은 법과 규정 밖에는 없습니다. 하지만 갈등의 원인은 정의와 시비의 문제가 아니라 구성원의 '욕구와 동기'에 있는 경우가 많습니다. 욕구와 동기를 충족시키는 것은 역할의 인정입니다. 그리고 건강한 '질문'에 있습니다. 때로는 소소하고 부담스럽지 않은 질문도 좋습니다. 여행의 즐거움 중에는 계획하는 즐거움도 있습니다. 자신에게 질문을 던지는 것입니다. '어디가 좋을까? 가서 무엇을 할까?' 가벼운 질문들이 즐거움에 한몫하며 삶을 풍족하게 만듭니다. 이런 소소한 질문들로 촉진되는 조직은 대화의 주제가 즐거우니 타자를 수단화할 필요가 없습니다.

전환을 요구하는 조용한 관둠

젊은 세대들 사이의 조용한 관둠quiet quitting이라는 현상을 워싱턴포스트지가 조명합니다. 조용한 관둠의 의미를 해석하자면, '일이 인생의 전부는 아니다. 책정된 임금만큼만 일하겠다. 단순히 열심히 일하지는 않는다, 퇴사하지 않는 선에서 일한다.' 등입니다. 이외 '조용한 관둠'을 해석하는 2가지의 명제가 치명적 오류를 만들고 있습니다. 그중 하나가 'work and life balance'입니다. 이것은 '일과 삶의 균형'이라 해석되기도 합니다. 의문이 생깁니다. 일과 삶이 균형을 이룬다는 뜻은 일과 삶이 동일한 가치라는 조건이 전제되어야 가능합니다. 예를 들어 죽음과 탄생이라는 모순과 대립의 가치는 비교가 가능합니다. 그런데 죽음과 질병, 탄생과 임신은 비교 가능한 가치가 아닙니다. 즉 죽음 안에 질병이, 탄생 안에 임신의 개념이 포함된 개념입니다. 또한, A와 B가 균형을 이룬다는 것은 높이,

무게, 길이 등에 있어 어느 정도의 비교 가능한 범위 안에 있어야 합니다. 그 범위가 너무 넓으면 비교하는 의미가 없어집니다. 이렇게 볼 때 일과 삶은 비교될 수 없는 대상입니다. 그러므로 균형을 찾을 수도 없습니다. 삶 속에 일이 포함된 개념이며 삶과 일은 비교 가능한 범위 안에 있지 않기 때문입니다. 한 마디로 오역誤譯입니다.

'work and life balance' 명제는 1970년대 영국에서 처음 등장했다고 합니다. 배경을 보면 일과 '개인의 사생활' 간의 균형이었습니다. 삶 속에서의 일을 하는 데에 할당된 시간이 어떻게 균형을 이루어야 할 것인가로 접근된 개념이라 할 수 있습니다. 더 깊이 들어가 보자면 '자기 삶의 중심이 일에 있는가? 아니면 사생활에 있는가?'에 대한 질문입니다. 1956년 더빈Dubin의 산업근로자들을 대상으로 한 연구에 의하면 응답자의 10%가 일에서 사회적 관계가 중요하다고 보았고 90%는 일이 아닌 다른 곳에서 만난 사람들과의 사회적 관계가 중요하다고 보았습니다. 어찌 되었든 일과 삶의 균형을 찾는 것이 아니라 '삶의 중심은 어디인가? 또는 노동의 질을 어떻게 높일 수 있는가?'가 연구의 주된 목적이었습니다. 즉 '일과 삶'이 아니라 '일과 생활'의 균형을 찾아 '삶의 질'을 높이는 것이 'work and life balance'의 목적입니다.

이것은 매우 큰 차이입니다. 삶이 본질이고 일은 현상입니다. 본질이 현상을 낳고 사람은 그 현상을 인식합니다. 삶이라는 본질에서 일이라는 현상이 나오고 사람은 그 일을 통해 본질인 삶을 인식합니다. 사과가 나무에서 떨어지는 것을 보았다면 현상이며 그 사과가 떨어지게 된 만유인력의 법칙은 본질입니다. 일은 현상이며 그 일이 이루어지는 삶은 본질입니다. 그 일에서 얻어지는 동료 관계와 소득 여부, 여가시간은 현상이며 그것을 통해 본질인 삶과 자신을 인식합니다. 일, 관계, 소득, 여가는 서로를 비교할 수 있으나 본질인 삶은 비교의 대상이 아닙니다. 이렇게 볼 때, 일과 사생활은 둘 다 현상입니다. 삶이 본질이고 일과 사생활은 현상입니다. 그래서 일과 삶은 비교의 대상이 아니며, 일과 사생활은 둘 다 현상임으로 비교가 가능합니다. 비교가 가능하니 양자의 가치에서 균형을 찾고자 하는 정반합의 시도가 가능합니다.

그러므로 일과 삶의 균형work and life balance의 오역에 대한 정확한 해석은 '일과 (사)생활의 균형'으로 정정되어야 합니다. 'life'의 의미는 인생, 생명이라는 삶이 아니라 생계나 살림을 꾸려나가는 생활生活로 해석되어야 합니다. 삶의 영역 속에 일과 가정, 그리고 사회가 모두 포함되기 때문입니다. 사람들은 이러한 오역으로 인해 일과 삶을 비교하는 우를 범합니다. 삶에 일을 비교하게 되니 '일'이라는 영역이 매우 과장되어버립니다. 삶과 비교하여 볼 때, 일이라는 것이 그렇게 까지나 비교될 만한 위치에 있는 것이 아니므로 '일'이 상대적으로 하잘 것 없는 것으로 인식됩니다. 일이라는 것은 삶과는 비교할 수 없는 삶의 하위 부분이 명백하기 때문입니다 아무리 생각해 보아도 일보다는 삶이 우선이니 일을 열심히 한다는 것은 의미가 없습니다. 자연스럽게 일이라는 가치가 퇴색됩니다. 이런 현상 속에서 일과 삶의 균형을 더욱 오역한 구호가 떠돌아다닙니다.

바로 일과 삶의 '분리'입니다. '일과 사생활을 분리하자, 일이 사생활을 침범하지 못하게 하자는 구호일 것입니다. 하지만 앞서 제기한 바대로 일과 삶은 현상과 본질이라 비교 가능하지 않으며 비교할 만한 범위에 있지도 않습니다. 일과 삶의 균형이라는 잘못된 해석으로 일의 의미가 퇴색되고 있는 상황에서, 분리라는 이 단어는 일과 사생활이 아니라 일과 삶을 분리할 것을 재촉합니다. 그리고 조용한 관둠의 선택을 합리화시킵니다. 일과 사생활은 동일 비중과 범위를 가진 가치임으로 정반합이 됩니다. 일이라는 정립에서 사생활이라는 반정립이 서로 모순되며 대립됩니다. 예전에는 일이라는 것이 절대적 가치였지만 세월이 지나면서 사생활도 중요한 가치가 됩니다. 이 상반된 가치가 투쟁을 벌이고 있으며 결국 종합될 것입니다. 그 종합이 바로 '삶'입니다. 그럼 어떤 삶으로 종합될 것인가를 고민해야 할 상황에서 '일과 삶의 균형'이라는 명제가 튀어나와 버렸으니 오해가 생겼고 거기에다가 '일과 삶을 분리'하고자 하니 미궁에 빠져 버립니다.

오류를 만들어내는 두 번째 명제는 '당신의 가치는 당신이 하는 일의 결과로 정해질 수 없다.'입니다. 매우 당찬 문장입니다. 저는 이 수장이 매우 섬뜩합니다. 조직의 존재 의미는 일의 의미를 발견하고 자기를 실현하기 위함입니다. 그러기 위해 구성원을 주체로 세워야 하고 주체인 구성원은 주인이 됩니다. 주인이 된 구성원은 조직에서 주어진 목표와 규범 안에서 자유롭고 평등합니다. 목표와 규범은 구성원이 함께 협의하고 합의된 투쟁의 결과물입니다. 그러므로 구성원은 이를 입법legislation 立法하고 준수합니다. 리더에서부터 신입직원까지 모두 지키니 평등함이요, 이 목표와 규범을 지키는 선에서 비난받지 않고 일을 하니 자유입니다. 저는 이를 '조직민주주의'라고 정의합니다(승근배, 『당신의 조직은 정의로운가_조직민주주의』, 47쪽). 그런데 당신이 조직에서 하고 있는 그 일의 결과가 당신의 가치를 설명하지 못한다면 조직민주주의는 힘을 잃게 됩니다.

오류를 만들어내는 명제들이 너무나 많음으로 몇 가지의 '일'과 관련된 부제들을 들여다 볼 필요가 있습니다. 먼저 '일이 인생의 전부는 아니다.'입니다. 이 해석은 앞서 일과 삶의 균형에서 설명한 바대로 이해하면 어떨까 합니다. 이 해석은 저의 입장과 동일합니다. 맞습니다. 일은 인생의 전부가 아닙니다. 일은 인생의 일부분입니다. 일은 현상이고 인생은 본질이라고 설명하여 드렸습니다. 그렇게 본다면 젊은 세대의 이 주장은 일과 (사)생활, 그리고 삶을 이해하고 있다고 보여집니다. 두 번째, '단순히 열심히 일하지는 않는다.' 저는 이 해석에도 동의합니다. 사람은 단순히 열심히 일하지 않습니다. 단순히 열심히만 일해서도 안 됩니다. 일의 의미를 발견하면서 일을 해야 하고 그 일은 조직의 사명과 그리고 자신 삶의 목적과 맞닿아 있어야 합니다. 이렇게 될 때, 사람은 의미를 발견하고 사명을 다하기 위해 생명과 명예를 건 인정투쟁을 합니다. 그 투쟁의 장소가 조직입니다. 단순히 열심히 일하지 않는다는 이 말은 투쟁하며 일할 수 있도록 일하는 이유와 의미를 설명해 달라는 젊은 세대의 당당한 요구입니다. 누구나 시키는 일을 하는 것은 유쾌하지 않습니다. 자신이 야근을 하고 주말에 나와 일을 해야 하는 것은 조직이 명령해서가 아니라 납득 가능함이 있어야 합니다. 그 일이 어떤 의미를 주고 그 행동이 조직의 목표에 어떻게 영향을 주는 지에 대해 설명된다면, 그들은 동의된 그 이상만큼을 일할 것입니다.

세 번째, '책정된 임금만큼만 일하겠다. 퇴사하지 않는 선에서 일한다' 입니다. 이 문장이야말로 조용한 관둠에 대한 가장 우려스러운 해석입니다. 사람들은 일과 보상에 대해 교환적 관계로 이해하는 경향이 짙습니다. 수요와 공급, 생산과 소비라는 자본주의 사회에서 형성된 교환의 법칙이 존재합니다. '일을 한다는 것은 꼭 무엇인가의 교환적 가치가 있어야 가능한 것일까요?' 꼭 그렇지는 않습니다. 우리가 조직 외의 가정이나 사회에서는 현물이나 현금의 교환이 없이도 일을 합니다. 하지만 이때의 일을 노동이라고 하지 않고 봉사 또는 다른 말로 표현합니다. '그런데 조직은 꼭 현금성 보상이 있어야 일을 할까요?' 조직도 역시 꼭 그렇지는 않습니다. 그 일을 하는 이유에 대해 스스로 동의가 된다면 현금성 보상이 없어도 일을 합니다. 자본주의의 교환적 관계가 아닌 순환적 관계가 성립되는 경우입니다.

순환적 관계란 환류되는 것입니다. 그러나 양자 간의 교환은 한 번의 교환에서 멈춥니다. 조직은 사람으로부터 노동의 생산성을 취하고 구성원은 급여를 가지고 가면서 거래가 멈춥니다. 교환이 끝난 겁니다. 거래가 반복됨으로 교환이 끝나지 않은 것처럼 보이지만 단일 거래가 반복되는 것일 뿐입니다. 순환은 조직에서 구성원으로, 구성원에게서 조직으로 끊임없이 순환됩니다. '무엇이 순환될까요?' 바로 인정함과 인정됨입니다. 보상이 없어도 스스로 일을 하는 동기는 바로 '인정'에 있습니다. 조직은 구성원을 인정합니다. '조직의 목표를 달성하기 위해 당신이 필요합니다. 당신이 하고 있는 그 일은 그 목표에 있어서 매우 중요한 역할입니다. 당신이 있어 주어서 참 고맙습니다.' 구성원도 역시 조직을 인정합니다. '쉽지 않은 시장 상황이지만 복리와 처우를 위해 애써주시군요, 조직의 목표가 너무 좋습니다. 힘든 상황이지만 해보겠습니다.' 조직구성원의 건강한 행동을 정의하는 조직시민행동organization citizenship behavior 다섯 가지 중에 '이타주의'가 있습니다. 보상을 바라지 않고 남을 위해 기꺼이 자신을 희생하는 친사회적 행동을 의미합니다. 바로 그것이 순환적 관계입니다. 다만, 자발적인 배려, 이타적인 헌신이라는 순환적 관계가 형성되는 것이 쉽지 않습니다. 조직의 공정함과 정의, 자유로움이라는 기본적 조건이 충족될 때 가능합니다.(승근배, 『당신의 조직은 정의로운가_조직민주주의』, 103쪽). 이 조건이 충족되어야 사람은 욕구를 만족시키기 위해 노력하게 될 것이고 이 욕구는 조직시민행동에 영향을 주는 선행 사건을 촉진합니다. 이렇게 촉진되어 자발적으로 행동하는 구성원을 기업시민corporate citizenship이라 합니다. 조직과 구성원 간의 교환적 관계는 인정의 순환적 관계로 극복되어 사회와의 전환적 관계를 맺습니다. 아무런 교환적 보상이 없으면서도 이루어진 순환적 관계는 무형의 조직자본을 형성하게 됩니다. 이 자본에 의해 학습된 조직 구성원은 사회의 구성원으로서 전환됩니다. 전환된 구성원은 사회에서 순환적 관계로 봉사하고 사회에 기여합니다. 기업시민인 조직의 구성원은 사회에 나아가 건강한 사회 구성원으로서 시민행동을 하게 됩니다. 이를 사회역량social capacity이라고 합니다. 즉, 전환적 관계란 조직에서의 순환적 관계에서 얻어진 에너지를 사회에서 구현하는 것이고 사회의 역량으로 전환됨을 의미합니다. 관리와 관료의 투쟁에서 다루어진 자아의 의식과 순환(44쪽)을 기억해 봅시다. 상호간의 주격 자아와 목적격 자아 간의 운동과 호응으로 조직순환이 발생하고 이것이 사회로 전환된다는 의미가 여기에 있습니다.

교환에서 순환으로, 순환에서 전환으로

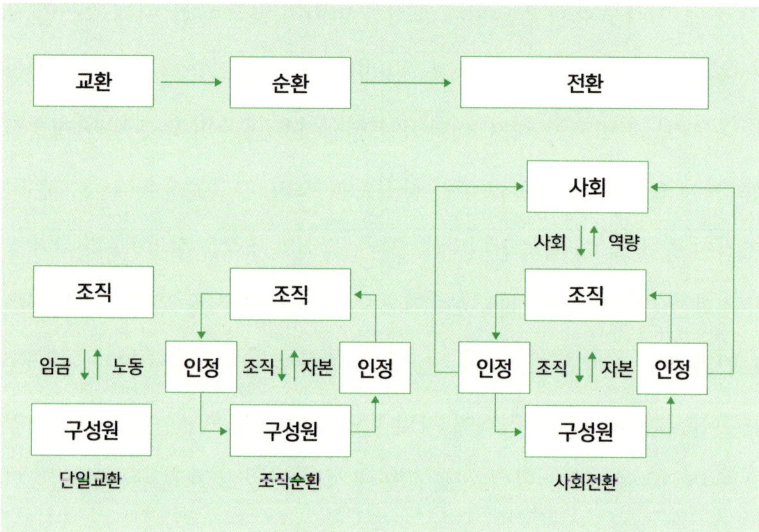

'책정된 임금만큼만 일하겠다. 퇴사하지 않는 선에서 일한다.'는 것은 일의 의미를 발견하지 못한 상황입니다. 일의 의미를 발견하지 못한 것은 조직에서 인정받지 못했기 때문입니다. 자신의 하는 일이 어떤 영향과 역할을 하는지에 대한 인정이 없었기에 자신의 노동에 비해 교환된 것이 '적다'라는 표현입니다. 그들에게 필요한 것은 교환적 보상보다도 '인정보상'입니다. 인정보상으로 일의 의미가 발견되어야 합니다. 그 조건은 자유와 평등에 있습니다. 사람이 요구하는 인정은 자유로움과 평등함입니다. 자유롭고 평등해진 만큼 인정받고 있음을 인식합니다. 억압될수록 인정받고 있지 못함을 인식하는 것과도 같습니다. 자유와 평등함이라는 인정보상은 순환적 관계에서의 기본적 조건인 그 조직의 공정함과 정의, 그리고 자유가 인정되는 것입니다. 조용한 관둠을 선택한 구성원에게 동기를 촉진할 수 있는 곳은 동호회나 여가생활이 아니라 일을 하는 조직입니다. 조직이 그들을 인정해야 하고 인정됨을 표현해주어야 합니다. 그런데 조직은 인정보다도 기술적인 접근을 시도합니다. 사람은 오랜 시간 속에서 의미를 찾는 존재가 되어 가고 있습니다. 그런데 조직은 100년 전의 관리적 경영기법만을 우상화하고 있습니다. 존재로 인정받지 못하는 사람들은 조용한 관둠을 선택합니다. 기성세대가 보면 매우 비합리적인 선택 같아 보이지만 젊은 세대 생각에서는 매우 합리적인 선택입니다. '어떻게 하면 조직이 구성원의 심장을 뛰게 할 수 있을까요? 어떻게 해야 그들을 인정하고 그들로부터 조직이 인정될 수 있을까요?' 상호작용에 의한 '투쟁'으로 상호작용의 '절제'를 통해 상호인정되는 '자유'로써 일의 가치와 일을 하는 의미를 발견하는 경로를 찾아내어야 합니다.

재촉해 봐야 촉진할 수 없다

구성원의 동기부여를 위해 주로 사용하는 조직행위가 인사평가입니다. 그런데 동기를 부여하기보다는 동기를 저하시키는 것이 인사평가이기도 합니다. 인정되는 사람은 소수이고 불인정되는 사람이 다수이기 때문입니다.

합리적인 인사평가의 조건은 타당성, 신뢰성, 수용성 이렇게 3가지입니다. 타당성은 직급 또는 직무별이나 승진, 보상, 육성 등의 목적에 따라 타당한 지표가 설계되는 것입니다. 신뢰성은 평가의 목적, 그리고 과정과 결과를 피평가자들이 신뢰하는 것을 말합니다. 신뢰성을 확보하기 위한 상향과 하향, 다면, 교차 평가 등이 있습니다. 그런데 과정과 결과에서 평가방법을 다양하게 한다고 해서 신뢰성이 높아지는 것은 아닙니다. 복잡하다고 해서 피평가자들이 과정과 결과에 동의하는 것은 아니기 때문입니다. 오히려 평가 자체가 고단한 일이 되면서 불만이 쌓입니다.

수용성을 충족하기 위해서는 세 가지 조건이 필요합니다. 첫째, 타당한 지표가 확보되어야 합니다(타당성과 관계). 둘째, 그 지표를 평가자들이 이해하고 있어야 합니다(신뢰성과 관계). 셋째 지표개발에 조직의 구성원이 참여하여야 합니다(타당성과 신뢰성과 관계). 그러므로 타당성과 신뢰성이 확보될수록 수용성은 높아진다 할 수 있습니다. 그런데 조직에서의 평가는 이 세 가지를 반영하지 못하고 있습니다. 하나의 평가지표가 승진, 보상, 육성 등 다양한 목적으로 쓰입니다. 대부분 평가지표가 소위 특정인이나 특정 팀에 의해 개발됩니다. 이러다 보니 지표의 타당성이 결여됩니다. 타당한 지표란 타당한 증거입니다. 그 증거가 평가의 목적에 부합하는 것이 수용성의 출발일 것인데 구성원이 참여하지 못하니 증거들이 누수漏水됩니다. 필요가 없거나 부적절한 증거들이 지표가 되기도 합니다. 타당하지 않은 증거를 가지고 평가를 해 버립니다. 여기에 신뢰성을 확보하기 위해 하향, 다면, 교차 평가 방법들이 도입되면서 교육되지 않은 피평가자들이 평가자가 되어 버립니다. 목적이 분명하지 않은 지표에 의해 타당하지 않은 증거들을 가지고(타당성 결여), 신뢰할 수 없는 여러 방법을 동원하여(신뢰성 결여) 평가를 하니 평가에 저항이 있을 수밖에 없고(수용성 결여), 평가가 불인정됩니다.

평가는 쉽지 않습니다. 목적별로 평가지표를 만드는 것이 보통 일이 아닙니다. 만들 수는 있습니다. 그런데 이것을 지속적으로 끌고 나간다는 것, 이슈나 전략이 바뀔 때마다 조정하는 작업이 만만치가 않습니다. 한마디로 목적별로 만들 수는 있지만 운용하기는 쉽지 않습니다. 다양한 평가 방법을 도입하고 교육하는 것도 동일한 맥락에서 고민됩니다. 만들 수는 있지만, 매번 교육하여야 한다는 것, 때때마다 조정하기가 쉽지 않습니다. 평가자가 많아진다는 것은 그만큼 편향의 개입될 여지가 더 커진다고 볼 수 있습니다. 타당한 증거들을 수집하고 반영하는 것, 이때 구성원이 참여하는 것이 '이상적이다'라는 것을 알고는 있습니다. 그러나 일이 바쁘게 돌아가고 있는 상황에서 평가를 위해 이런 과업들을 수행하다 보면 엄청난 시간과 비용이 요구됩니다. 그렇다고 타당성과 신뢰성, 그리고 수용성을 놓치게 되면 평가의 저항이 있습니다. 단순히 평가 자체에 대한 저항이 아닌 조직에 대한 저항, 신뢰라는 조직자본에까지 영향을 하게 됩니다. 잘해보자고 만들어 낸 평가제도의 치명적 오류입니다.

구성원의 입장에서 평가를 원하는 목적은 '인정'입니다. 조직에게 주어진 사회의 문제와 사람의 욕구를 해결하는 조직의 목표에 참여한 구성원입니다. 그리고 목표에 기여를 합니다. 구성원이 일을 하는 목적입니다. 순간순간 궁금합니다. '나는 기여를 하고 있을까? 잘 하고 있는 걸까?' 구성원이 가진 내적 질문입니다. 외적 질문도 던집니다. '저 사람은 잘하고 있는 걸까? 혹시 저 사람이 나보다 더 잘하는 것은 아닐까?' 항상 궁금하지만 어디서도 확실한 답을 들을 수 없습니다. 상급자에게 물어보면 불명확한 답변을 줍니다. 모두 잘한다고 합니다. 무엇을 잘하느냐고 물어

보면 다 잘한다고 합니다. 사람은 끊임없이 인정받고자 하는 존재입니다. 그러함에도 조직에서 제대로 인정의 메시지를 받지 못하니 인정받고 싶어 하는 구성원은 요구합니다. '평가합시다!' 사실, 인정의 메시지를 보낼 수 있는 도구들은 평가 외에도 많습니다. 그러함에도 구성원이 평가를 요구하는 것은 그것이 인정에 있어서 너무나 강렬함을 선사하기 때문입니다.

인정을 받기 위한 목적으로 평가를 요구하지만, 다수의 구성원은 인정받지 못합니다. 소수의 구성원만 조직으로부터 인정받습니다. 평가의 결과에 있어서 소수만 보상의 대상으로 정해지기 때문입니다. 사실 평가 자체는 구성원이 선호하는 바가 맞습니다. 인정의 기회이니까요. 다만 평가의 결과, 즉 보상이라는 인정행위에 저항하는 것입니다. 보상이라는 것이 승진이든, 인센티브이든 어떤 것에 활용되든 간에 보상에서 제외된 구성원 입장에서는 평가의 목적인 '인정'이 상실됩니다. 자신과 자신이 한 일이 불인정됩니다. 반면 조직의 입장에서는 평가의 목적이 달성되었다고 간주합니다. 구성원이 원하는 평가를 했고 그 가운데서 소위 성과가 높은 구성원에게 보상하여 평가의 목적을 달성했다고 봅니다. 이것이 인사평가에 있어서 조직과 구성원이 가진 관점의 차이입니다.

매우 극명한 차이만큼이나 평가의 타당성에 대한 저항이 일어납니다. '도대체 그가 나보다 뭘 잘했다는 것일까? 평가자는 무슨 근거로 나를 제외하고 다른 사람이 잘했다고 인정한 것일까? 나의 기여는 왜 인정받지 못한 것일까?' 인정을 받지 못한 구성원의 저항이 발생합니다. 전통적인 하향 평가는 상급자가 부하직원을 평가하는 것입니다. 즉 자신을 인정하는 대상은 조직의 상급자입니다. 상급자의 편향이 발생할 수 있으므로 상향, 교차 등의 다면평가가 시행됩니다. 다면평가에는 자신을 인정하는 대상은 여럿입니다. 상급자의 편향을 제거함과 동시에 여러 구성원에게서 인정을 받는 것입니다. 어쩌면 상급자에 의한 인정보다도 여러 구성원에게 인정을 받는 것이 보다 객관적이고 기분이 좋을 수 있습니다. 그런데 평가자의 범위를 넓히는 선택은 유익하지 않습니다. 넓어진 평가자의 범위만큼이나 다양한 편향이 개입될 여지가 있습니다. 상급자의 편향을 줄이려는 선택이었지만 오히려 편향이 범위가 더 넓어집니다. 그 범위만큼이나 전통적인 하향 평가보다 저항이 커집니다. 상급자뿐 아니라 부하직원, 그리고 다른 부서에까지 여럿이 개입되다 보니 누구에게 인정받고 누구에게 인정받지 못했는지에 대해 알 수 없는 미궁 속으로 빠져 버립니다. 미궁의 깊이만큼이나 신뢰성에 대한 저항이 일어납니다.

구성원에게 '인사평가'를 할 것인지 하지 말 것인지에 대해 의견을 조사한 적이 있습니다. 조사하게 된 저의 솔직한 의도는 인사평가를 하고 싶지 않았기 때문입니다. 당연히 하지 말자는 의견이 다수일 것이라 예상했지만 결과는 그와 반대였습니다. 다수의 구성원이 인사평가는 좋은 것이니(?) 마땅히 해야 한다는 의견을 냈습니다. 한 마디로 "그 좋은 걸 왜 안 해요?" 사람들은 평가를 받는 것을 그렇게 싫어하지 않습니다. 많은 분이 평가에 대해 오해하는 지점입니다. 평가를 받는다는 자체는 그리

유쾌한 사건은 아니지만, 그로 인해 얻어지는 유익有益한 것들이 있기 때문입니다. 첫 번째 유익은 '인정'입니다. 사람은 인정받기를 원합니다. 자신이 하는 행위에 대한 인정은 일의 의미를 발견하고 동기가 촉진됩니다. 인정은 자신에게 주어지는 유익입니다. 두 번째는 '격려'입니다. 열심히 일한 사람에게 부여되는 것임으로 내가 당사자가 아닐 수도 있습니다. 격려는 타인에게 주어지는 유익이고 타자에게 일의 의미와 동기를 촉진합니다. 인사평가라는 것이 인정과 격려로 개인과 조직에 유익을 줍니다. 그렇기에 구성원은 의외로 평가를 원합니다.

인정과 격려 외에 또 다른 유익이 평가의 결과에 의해 주어집니다. 바로 '부와 권력'입니다. 민감한 보상의 영역입니다. 사람들은 평가 자체를 거부하는 것이 아니라 그 결과에 대한 보상에 저항하는 것이고 이는 '분배의 문제'입니다. 평가에서 얻어지는 유익, 부와 권력은 한 마디로 인센티브입니다. 부라는 것은 어떤 식으로든 경제적 이익이 있을 수 있겠습니다. 그것이 많든 적든, 현물이든 현금이든 부가 주어집니다. 권력이라는 것은 결정할 수 있는 기회, 선택권이라 할 수 있습니다. 우수 고과자에게는 프로젝트나 교육이나 승진 등에 있어서 우선권이 주어지게 될 것입니다. 이것도 하나의 권력입니다. 부와 권력이라는 평가의 결과는 인정과 격려라는 보상과는 전혀 다른 이야기입니다. 인사평가에 의한 '부와 권력'은 생존에 있어 중요한 자원의 획득을 의미합니다. 자원의존이론Pfeffer, J. Salancik, G. R, resource dependence theory, 1978에 근거하여 자원이 획득되면 사람은 생존합니다. 생존의 차원에서 보상에서 제외 된 사람은 페널티가 되어 버립니다. 자원은 유한한데 누군가가 그것을 획득하였다면 자신의 몫을 받지 못했거나 빼앗긴 것입니다. 자원을 빼앗긴 사람은 자원을 가진 사람에게 종속됩니다. 그러니 페널티로 인식하게 됩니다. 이렇게 공정성의 이슈가 시작됩니다. 공정성을 확보하는 길은 절차적 '참여'가 보장되어야 합니다. 그리고 측정지표에 대한 '합의'가 있어야 합니다. 무엇보다도 그 지표들이 타당한 '증거'를 확보하여야 합니다. 만약 이 세 가지 중 어느 하나라도 부족하다면 공정성 이슈로 조직의 구성원은 저항하고 갈등하게 됩니다. 구성원이 평가에서 원한 것은 인정과 격려이었습니다. 그런데 이슈의 전개가 공정성이 되었고 마침내 현란한 과학적 기법이 도입됩니다.

사회에서도 부와 권력을 획득한 사람들이 있습니다. 사람들은 그 차이가 크면 저항하겠지만 어느 정도 수용할 수 있는 빈부의 차이이고 부와 권력의 획득 경로가 정당하다면 인정합니다. 정당성은 그 사회를 작동하는 원리와도 같습니다. '부와 권력의 획득에 있어서 기회가 절차적으로 평등하였는가? 사회와 구성원이 수용할 만큼 분배의 타당한 증거가 있는가? 타당한 증거를 위해 얼마나 노력하였는가? 법을 준수하였는가?' 등이 정당성에 관한 질문목록입니다. 그런데 사회가 다변화될수록 각자의 처지에서 생각하는 타당한 증거의 목록과 수준이 다릅니다. 만약 자신의 근거에 비추어 타당하지 않다면 불공정사회, 졸부, 사기꾼 등으로 부와 권력의 획득을 불인정하고 저항합니다. 이러한 저항이 많을수록 그 사회는 갈등할 것이니 성장할 수 없습니다. 조직의 평가도 이와 같습니다

'타당한 증거가 무엇인가?' '그가 나보다 열심히 일한 증거가 무엇인가? 어쩌다 운이 좋아서 그가 프로젝트를 제출하게 되었고 그래서 자원을 확보한 것은 아닌가?' '프로젝트 팀원들과 다른 팀에서 도움이 있었기에 가능한 것이 아닌가? 그런데 왜 그만 우수한 성과자인가? 왜 그가 부와 권력을 확보하고 나는 박수만 쳐야 하는가?' '내가 맡은 과업이 어떠한 변화가 있을지는 시장의 상황을 지켜봐야 하는 변동이 큰 분야이다. 이런 조건들이 고려된 것인가?'

'어떻게 하면 타당한 증거를 확보할 수 있느냐?'가 인사평가 이슈의 핵심입니다. 그 결과에 대하여 '어떻게 인정(분배)할 것인가?'가 두 번째 이슈입니다. 아쉽게도 인사평가는 이 질문에 대해 쉽게 답을 할 수 없는 구조와 환경이 되어 갑니다. 생산 라인이나 매출실적을 측정할 수 있는 기업을 제외하고는 거의가 서비스 현장입니다. 수치화될 수 없는 사람과 집단을 대상으로 서비스를 제공(지원, 협력 등)한다는 것, 공정하게 측정하기 위해 타당한 증거를 수집하기가 쉽지 않다는 것이 인사평가의 난제입니다. 이 난제의 해결은 각자의 조직에서 나름대로의 '규칙'을 만드는 것입니다. 저의 규칙은 행동입니다. 행동을 측정하고 그 행동을 촉진하자는 것입니다. 행동을 촉진하는 것이기에 그 결과에 있어서 실적주의에서 벗어납니다. 그러므로 보상에 있어서 '부'를 제거할 수 있고 '권력'이 남겨집니다. 권력은 결정권입니다. 결정권은 분배가 가능합니다. '그렇다면 측정의 기준이 되는 행동은 어떻게 구할 수 있을까요?' 바로 조직의 미션과 비전, 가치와 규범에서 추출합니다. 추출에 있어서 조직의 구성원이 함께 모여 협의하고 합의합니다. 조직에서 바라는 건강한 행동을 규범화합니다. 이를 행동규범이라 했습니다. 모두가 동의하여 규범을 세웠으므로 이 규범 하에서 모든 구성원은 자유롭습니다. 그리고 평등합니다.

이런 모든 과정이 충족된다고 해서 구성원이 평가 결과와 보상에 저항하지 않는 것은 아닙니다. 평가의 저항과 갈등은 완전히 사라질 수 없습니다. 그것이 사람의 본성입니다. 저항하는 이유는 인정받기 위함입니다. 인정투쟁입니다. 사람은 인정하고 인정되는 존재입니다. 이런 행위를 통해 자신의 존재를 발견하는 것이니 완전히 만족할 수 없습니다. 그것이 저항하고 갈등하는 이유입니다. 그렇게 본다면 저항과 갈등이라는 것이 굳이 나쁜 일은 아닙니다. 저항과 갈등을 완전히 말소하는 것이 아니라 인정과 격려로 잘 다루어야 합니다. 저항을 느꼈다면, 결과에 대하여 갈등이 있다면 보다 인정하고 격려하는 문화를 만들면 되는 것입니다. 그러나 안타깝게도 조직은 평가지표를 손대려 합니다. 보다 완벽하고 과학적이며 누가 보더라도 전문적으로 보이는 지표와 방식을 도입하려고 합니다. 그래서 시도하는 것이 현란한 평가기법들의 도입입니다. 구성원이 원하는 것은 그것이 아닌데도 말입니다. 부호와 숫자를 만들어 전문화되려는 순간, 인정과 격려의 문화는 고개를 들지 못하고 맙니다. 왜냐하면 부호와 숫자들을 만들어 내고 측정하는 사람들, 그것을 계산하고 해석하는 사람에게 권력이 집중되기 때문입니다. 사회나 조직이나 특정한 사람에게 권력이 집중되면 다수의 사람은 그들에게 눈치를 보게 되고 건강한 행동을 멈추어 버립니다. 인정하고 격려하는 행동을 멈춘다는 것입니다.

이것은 모순입니다. 평가라는 것이 결국 건강한 행동을 촉진하기 위함인데 권력과 위계를 만들어 오히려 멈추게 했습니다. 인정하고 격려하기 위해 평가를 도입했는데 오히려 왕따, 뒷담화, 조용한 관둠이라는 암투가 벌어집니다. '인사평가를 왜 하는 것일까요?' 조직의 성장과 구성원의 건강한 행동을 촉진하기 위한 것이지만 오히려 반대의 현상이 일어납니다. 현란한 평가기법이나 현학적 단어로 평가하기보다 '인정과 격려'에 집중하여야 합니다. 평가는 수단입니다. 평가가 목적이 아니라 행동이 목적이 되어야 합니다. 자, 행동에 집중합시다. 그리고 인정하고 격려합시다.

권력의 종속과 분산

누군가로부터 인정받는나는 것은 힘이 있는 사람에게 인정받는 것이지 힘이 없는 사람에게 인정받는 것이 아닙니다. 힘이 있는 누군가로부터 인정받는다는 것은 자원을 분배받는다는 의미이기도 합니다. 이렇듯 인정과 분배는 권력이 됩니다. 구성원이 평가를 원한다는 의미는 권력을 원하는 것과 같습니다. 권력을 원하는 이유는 인정을 받아 더 많은 자원을 분배받기 위함입니다. 그렇게 될 때 자신의 권력이 높아지고 그 권력에 의해 더 많은 자원을 확보할 수 있습니다. 구성원이 평가를 원하고 평가의 결과에 집중하는 이유입니다. 조직의 측면에서도 인정과 분배, 권력이라는 동일한 맥락으로 평가를 다룹니다. 그런데 힘을 가지고 있는 조직은 인정과 분배를 통해 권력을 이양하고 싶지 않습니다. 조직은 권력을 주도하고 싶어 합니다. 현대사회의 조직은 인정과 함께 분배가 이루어지는 구조를 가지고 있습니다. 분배는 자원의 이동입니다. 만약 평가에 의해 권력과 자원이 조직에서 구성원으로 이동하게 되면 조직의 권력이 감소할 것 같은 두려움이 있습니다.

조직이 갖는 두려움이라는 것이 합리적 평가의 세 가지 요소인 타당성, 수용성, 신뢰성을 후퇴시킵니다. 먼저 타당성입니다. 목적별로 평가하기에는 비용과 시간이 많이 들기도 하지만 범위를 넓게 하여 어떤 목적으로 평가하는지에 대해 되도록 인식하지 못하는 것이 조직에게는 유익합니다. 오히려 평가의 목적이 구체적일수록 그 결과에 대한 저항이 있을 수 있습니다. 설령 저항이 있다고 해도 구체적인 목적이 불분명하기에 뒤로 숨기에 용이합니다. 신뢰성을 높이기 위해 여러 방법을 동원하지만 이도 역시 많은 평가 방법들이 사용될수록 결과에 대한 저항에 대비하여 뒤로 숨기기가 좋습니다. 방법이 하나라면 하나만 가지고 이의를 제기할 수 있겠지만 방법이 여럿이고 평가자가 여럿임으로 핑계를 대기가 좋습니다. 마지막으로 구성원이 참여하여 지표를 만드는 것은 권한을 구성원에게 이양하는 것입니다. 그리고 타당한 증거를 구체적으로 밝히면 밝힐수록 조직의 권력은 조직에서 구성원에게 넘어가 버리게 됩니다. 이러한 이유를 볼 때, 조직은 평가의 객관성과 공정함을 위해 많은 노력을 한다고 주장하지만, 오히려 그런 노력의 결과는 정반대입니다. 조직은 평가 목적의 범위를 보다 넓게, 타당한 증거가 구체적이지 않게, 평가의 방법을 좀 더 다양하게 디자인하여 조직의 권력을 이양하지 않고 조직에 남아 있게 합니다. 조직의 평가지표를 행동보다는 실적 위주로 하는 이유가 여기에 있습니다. 실적이라는 숫자는 가변적입니다. 해마다 수치를 올리고 내릴 수 있는 결정권은 조직에게 있습니다. 사람의 실적이라는 것도 가변적입니다. 내·외부의 환경적 요인 등에 의해 매해 똑같은 실적을 낼 수 없습니다. 이것은 어느 특정한 사람에게 인정과 분배의 권력이 지속되는 것을 막아주거나 결과에 대해 모호하게 만드는 효과를 만듭니다. 반면 행동은 가변적이지 않습니다. 일정한 수준의 동일한 행동을 요구합니다. 행동은 내·외부 환경적 요인에 영향을 덜 받습니다. 때문에, 행동으로 측정한다면 결과가 명확해지며 다양한 사람들에게 인정과 분배의 기회가 주어질 수 있습니다. 또한 실적이라는 수치는 최상위의 분포가 소수小數로 한정될 수밖에 없지만, 행동은 최상위의 분포가 다수多數일 수 있습니다. 실적이라는 수치는 감(-)이 있을 수 있는 제로섬의 경쟁이지만 행동은 감(-)이 없는 협업입니다.

실적이 아닌 행동이 기준이 된다면, 더 많은 사람에게 인정과 분배가 일어납니다. 더 많이 인정되고 더 많이 분배될 것입니다. 조직으로서는 그리 유쾌한 일이 아닙니다. 조직은 행동보다는 숫자로 측정하는 것을 선호합니다. 조직의 인사평가에 실적보다 행동을 측정하는 경우가 있기는 합니다. 그렇다고 해서 조직의 권력을 구성원에게 이양하고자 하는 목적은 아닙니다. 실적이라는 숫자는 명확합니다. 한번 정해지면 또 다른 의미해석의 개연성이 높지 않습니다. 그런데 행동이란 것도 숫자만큼은 아니어도 명확합니다. 행동은 눈에 보이기 때문입니다. 그런데 행동을 인사평가 지표로 하는 조직의 경우에 명확한 단어와 행동으로 기술하지 않습니다. 흔히 '노력, 최선'이라는 단어들이 지표에 등장합니다. 노력은 매우 주관적입니다. 최선도 마찬가지입니다. 조직의 인사평가 지표에 이런 주관적인 단어를 포함하는 것은 해석의 권력이 조직에게 있는 것입니다. 아무리 구성원이 노력하고 최선을 다했어도 최종 해석은 조직입니다. 이것이 '해석권력'입니다. 단어와 문장을 해석할 수 있는 권력이 조직에게 있으면 사람의 행동은 해석권력에 종속됩니다. '자발적이고 능동적인 인재'라는 지표가 있다면 구성원에게 자발성과 능동성을 요구하는 것입니다. 그러나 무엇이 자발이고 능동인지를 알 수 없으니 오히려 눈치를 보고 줄을 서게 됩니다. 인사평가의 모순입니다.

현대인들은 법에 종속되고 있습니다. 개인이 법을 해석하기 쉽지 않습니다. 법이라는 것이 사회의 구성원에게 자유와 평등을 인정하기 위해 만들어진 것이지만 해석을 할 수 없으니 종속되어 버립니다. 종속은 자유와 평등의 위축을 의미합니다. 평가라는 것이 조직 성과를 높이기 위해 구성원의 건강한 행동을 촉진하는 것이 목적인데 평가에 의해 구성원의 행동이 종속됩니다. 애매한 단어와 문장을 개인이 해석할 수 없으니 행동이 구속되며, 압박하는 숫자에 의해 행동이 억압됩니다. 평가를 통해 성과를 높여야 하지만 평가 때문에 오히려 성과가 낮아집니다. 평가의 과정과 결과에 대해 저항하기 때문입니다. 인정받지 못하고 종속되며 인정의 결과에 의해 분배의 불평등을 경험합니다. 평가로 인해 기대하는 것들은 사라지고 평가로 갈등비용이 발생하며 이를 해소하기 위한 관리비용이 증가합니다. 관리조직과 관료조직이 생겨나고 그들은 또 자신들에게 주어진 일에 대해 인정받기 위하여 평가를 고도화합니다. 평가의 고도화는 숫자와 단어를 통해 해석권력이 되어 버리고 사람은 또 그렇게 종속되어 자유가 훼손됩니다.

평가의 목적은 구성원의 행동을 촉진하는 것입니다. 그러므로 평가로 구성원을 종속시켜서는 안 됩니다. 평가도 역시 구성원의 자유로움과 평등의 충족과 관계 되어야 합니다. 구성원이 일을 하는 이유는 사회의 문제와 사람의 욕구를 해결함으로써 조직에 주어진 사회적 책임을 다하기 위함입니다. 그것이 구성원이 일을 하는 목적인, 사회와 조직에 대한 기여입니다. 기여한 바는 숫자에 의해 측정되어서는 안 됩니다. 불명확한 단어와 문장에 의해 측정되어서도 안 됩니다. 조직의 구성원이 억압이나 종속당하지 않고 조직의 목표와 규범에 의해 자율적으로 임할 수 있도록 행동을 중심으로 측정되어야 합니다. 행동은 구체적이어야 할 것이며 조직에서 기대하는 건강한 행동이어야 합니다. 직위와 직무별로 필요로 하는 구체적 행동을 담아야 할 것이며 그 행동의 추출에 있어서 구성원의 참여와 합의가 있어야 합니다. 눈에 보이는 구체적 행동을 측정할 것임으로 상향이든 하향이든, 다면평가든 그 어떤 교차평가든 그 결과는 객관적일 것입니다.

이렇게 측정된 결과에 대하여 공정하게 분배하여야 합니다. 분배는 경제적 보상만이 중요한 것이 아닙니다. 결과에 따라 기회와 권한을 분배하는 것이어야 합니다. 기여할 수 있는 기회를 더 할당하는 것만큼 사람을 인정하는 것이 없습니다. 권한을 더 부여받는 것만큼 사람을 인정하는 것이 또 없습니다. 기회의 할당과 권한의 부여라는 것은 자유를 의미합니다. 그렇습니다. 진정한 보상이란 자유의 획득입니다. 노예가 주인이 되는 인정투쟁의 시작은 각인된 자유에 있습니다. 사람은 기회와 권한을 분배받음으로써 조직의 성장에 더욱 많이 기여하게 되며 이것이 인정욕구를 더욱 충족시킵니다. 자유롭기 때문입니다. 자유를 허용한다고 해서 구성원이 자기 맘대로 일하는 것이 아닙니다. 이들에게는 조직의 목표와 가치와 규범에 의한 자기절제가 있습니다. 기회와 권한을 분배한다고 해서 조직이 가지고 있는 권력이 축소되는 것이 아닙니다. 기회와 권한은 물질적 자원이 아니므로 권력화되지 않습니다. 조직의 권력은 조직의 목표를 달성함에 있어서 각자에게 주어진 몫입니다. 따라서 기회와 권한의 분배는 조직의 권력을 축소하지 않을 뿐 아니라 오히려 조직의 권력을 강화해 줍니다. 권력이란 사회에서 위임되는 것입니다. 조직의 구성원이 사회로부터 위임받는 문제와 욕구를 해결하니 사회는 그 조직에게 권력을 위임합니다. 사회로부터 위임받은 권력을 기회와 권한으로 분배하는 것을 '분산권력'이라 합니다.

방향과 행동과 제도라는 시스템을 설명한 다음 표를 기억하실 겁니다. 미션과 규정은 일을 잘 하기 위해 만들어진 것입니다. 제대로 기능을 하려고 한다면 매개가 중요합니다. 미션의 방향, 의식, 이상의 매개는 '가치'입니다. 그리고 규정의 제도, 명령, 사물의 매개는 '규범'입니다. 가치와 규범은 사람이 행동을 선택하는 '자유'라는 매개와 관계되어야 합니다. 지

미션과 규정, 그리고 일의 촉진

구 분	미션	일	규정
시스템	방향의 영역 →	행동의 영역	← 제도의 영역
인식 차원	의식의 영역 →	선택의 영역	← 명령의 영역
본질 차원	이상理想 →	사람人間	← 사물事物
	↓ 촉진	↓	촉진 ↓
매개媒介	가치 →	자유	← 규범

금까지 말씀드린 인사평가에 있어서 '행동'을 촉진하자는 것은 일의 행동의 영역 및 선택의 영역과 관계된 것입니다. 사람의 자유가 인정될 때 우리는 일을 더 잘 할 수 있습니다. 그렇다면 인사평가라는 규정을 다루는 제도와 명령의 영역은 사물을 매개로 하여 자유의 촉진이어야 합니다. 방향과 의식의 영역인 미션을 달성하기 위해 시도되는 인사평가의 목적도 사람의 자유를 촉진하는 것이어야 합니다. 행동과 선택의 영역에서 자유가 촉진되는 평가가 되어야 합니다. 그런 평가제도가 아니라면 미션과 규정이 일을 삼켜 버립니다.

악셀 호네트의 '분배냐 인정이냐'에서 자본주의에서 인정은 '사랑, 권리, 업적(사회적 가치)(219쪽)'이라는 3가지의 방법을 익힌다고 보았습니다. 사랑은 관계 안의 친밀성이고 권리는 상호동등성의 부여입니다. 마지막으로 업적은 사회관계 속에서 경쟁하는 주체들의 재능과 능력의 사회적 가치입니다. 사랑은 사람들 사이의 개인적인 관계적 측면이고 권리는 사회적 관계 측면이며 업적은 집단, 즉 조직의 관계 측면이라 할 수 있겠습니다. 사랑과 권리, 업적의 세 가지의 인정 범위는 다원성에 의해 서로 영향을 주고받으며 유기적으로 연결됩니다. 이 세 가지가 인정되면 존재의 의미를 부여받습니다. 상호인정 되어 사회에 기여합니다. 자본주의 사회에서의 조직이라는 곳은 기여한 업적이 지배할 수밖에 없습니다. 업적에 대한 평가는 분배와 관계되어 있습니다. 인사평가에 의해 사랑과 권리의 획득 여부가 결정됩니다. 물질적 분배 외도 사람과의 친밀성, 집단에서의 권력까지도 분배됩니다. 조직에서의 인사평가는 상호작용과 상호수용에 의한 상호인정하는 인정투쟁의 핵심으로 기능할 수 있습니다. 그러므로 사회적 가치인 업적의 기준을 숫자라는 실적, 애매한 단어로 측정하기보다는 상호인정하는 측면에서 측정되어야 합니다. 종속시키기 보다는 분산하여 타당성과 신뢰성, 그리고 수용성을 높이는 조직이 되기를 희망합니다. 일을 잘 할 수 있도록 사람의 자유에 의해 행동을 선택할 수 있도록 촉진하는 평가이어야 합니다. 그럼 어떤 행동을 선택하는 것이 조직에게 유익할까요? 어떤 지표가 타당한 증거일까요? 답은 구성원에게 있습니다. 구성원에게 질문이 시작됩니다.

다시, 피터 드러커의 MBOmanagement by objective and self control. 구글의 혁신 도구인 OKRObjective Key Result을 기억해 봅시다. 그리고 CFRConversation Feedback Recognition을 기억합시다. MBO의 작동은 조직이 관리하는 것이 아닌 'self control', 자기통제가 핵심입니다. OKR의 목표(O)와 핵심결과(KR)를 CFR로 합의하는 것은 권력을 분산하는 것입니다. 소수의 해석권력이 아닌, 구성원에게 질문하고 함께 선택하고 결정하는 것, 구성원들에게 자유라는 행동의 이니셔티브initiative를 제공하는 것은 분산된 권력이 경쟁력이 있기 때문입니다.

무엇이 인정되는가

조직은 인정하고 인정받고자 하는 구성원의 인정투쟁의 장입니다. 투쟁으로 발생하는 조직의 현상들이 뒷담화와 왕따, 조용한 관둠, 인사평가와 보상에 대한 저항 등입니다. 저항의 행위 속에서 인정되면 즐겁겠지만 불인정되면 두렵습니다. 즐겁다는 것은 저항에서 승리했음이고 두렵다는 것은 패배했다는 의미입니다. 당연히 사람들은 승리하여 인정받는 즐거움을 추구합니다. 그러나 항상 즐거울 수는 없습니다. 항상 이길 수는 없기 때문입니다. 승리로 즐거울 수 있는 것은 패배한 경험이 있기 때문입니다. 두려움을 깨고 나온 것입니다. 그러므로 두려움도 잘 대해주어야 합니다. 두려움을 주는 대상도 아껴 주어야 합니다. 그 대상이 주는 패배의 두려움이 우리가 인정될 수 있게 합니다. 사람이 일을 하는 이유는 일의 의미를 찾기 위함입니다. 의미라는 것은 성공과 패배 속에서 각인됩니다. 주어진 대로 일을 하면 패배하지 않을 수 있습니다. 그러나 즐겁지 않습니다. 즐거움은 패배의 경험을 체험한 자아만이 그 진정한 가치를 알 수 있습니다.

주인에게 예속된 노예는 두렵습니다. 노예라는 존재 자체는 생명을 건 자연과의 투쟁에서 패배했음을 의미합니다. 패배하였기에 두렵습니다. 이 두려움은 또 다른 두려움을 야기합니다. 생존에 대한 두려움입니다. 모든 것이 두려운 노예는 주인의 말에 따라야 합니다. 주인의 눈 밖에 나면 안 됩니다. 노예는 억압적인 이 상황을 인정할 수 없습니다. 두려움에서 벗어나기 위한 선택이 필요합니다. 노예의 자기의식이 시작됩니다. 노예에게는 세 가지의 선택지가 있습니다. 하나는 자신과 같은 처지의 노예와 규합하는 것, 두 번째는 이 상황에 남아 주인의 말을 고분고분 따르기만 하는 것, 세 번째는 관계하는 자연을 이용하여 노동을 하는 것입니다. 첫 번째의 선택이 뒷담화와 왕따이고 두 번째가 조용한 관둠이고 세 번째가 인사평가와 보상에 대한 저항이라 할 수 있습니다. 첫 번째와 두 번째는 생존의 두려움에서 살아남기 위한 암투입니다. 이런 암투에는 무시, 조롱, 뒷새, 험담 등이 있으며 결코 노예에서 벗어날 수 없습니다. 암투는 자기의식과 자유가 아닌 오직 자기보존만을 위한 생존전쟁이기 때문입니다. 헤겔의 주인과 노예의 변증법에서 무시, 조롱, 뒷담화, 험담하는 노예는 없습니다. 노예는 자연과 관계하며 노동을 통해 자유를 자각할 때 주인이 될 수 있습니다. 그러므로 세 번째의 제도에 의한 저항이 두려움에서 벗어나기 위한 스스로의 선택이며 인정투쟁입니다.

생존의 두려움에서 벗어나는 주인이 되기 위해서는 저항해야 합니다. 두려움이 두려워 두려움 속에 남기보다는 즐거움을 얻기 위해 저항할 때 주인으로서 인정될 수 있습니다. 즐거움을 주는 인정은 누군가에게서 무상으로 주어지는 것이 아닙니다. 시간이 지나면 저절로 주어지는 것도 아닙니다. 인정과 불인정 사이의 반복되는 대립 속에서 삶을 내 건 투쟁의 결과가 즐거움입니다. 이런 이유로 생존하기 위해 사람을 수단화하는 뒷담화와 왕따, 조용한 관둠은 인정투쟁이 아닙니다. 인정투쟁은 자기의식과 타자의 자기의식 간에 서로의 의지를 표현하는 것입니다. 인정투쟁인 저항은 자각된 의식이 자기 존재를 인정받기 위하여 서로의 삶을 걸고 타자와 치열하게 벌이는 싸움입니다. 노예는 주인의 맘에 들기 위해서 노동을 해야 합니다. 노동은 자연과 관계됩니다. 그러나 자연은 사람의 노동을 쉽게 허락하지 않습니다. 개발되기를 원하지 않은 자연은 사람에게 순응을 요구합니다. 이 자연과 관계하기 위해서는 자연의 순응 요구에 저항해야 합니다. 농사를 짓기 위해서는 흐르고자 하는 물을 가두어야 하고 음식을 만들기 위해서는 불을 피워야 하고, 썩는 것을 방지하기 위해 땅을 파야 합니다. 이 모든 것이 자연에 대한 저항입니다. 노예는 이렇게 자연에 저항함으로써 자신의 존재를 인식하게 되며 자연으로부터 인정됩니다. 조직에서 구성원이 저항하는 1차 대상은 제도制度입니다. 제도에서 파생되는 사람에 대한 불인정, 자유와 평등을 억압하는 결정에 대해 저항합니다. 투쟁의 방법은 공식적 절차에 의해 수렴되고 의논하여 결정되어야 합니다. 그 과정에서 존엄과 명예를 건 투쟁이 이루어지는 것이 조직의 인정투쟁입니다.

이 저항은 오히려 자연에 적응함과 섬김이 됩니다. 자연을 다루게 된 노예는 자연의 소중함을 인식합니다. 노동을 하기 위해서는 자연의 존재가 필요합니다. 더 이상 자연은 개발의 대상이 아니라 섬기고 이해해야 될 세계가 됩니다. 조직의 제도와 절차를 준수하는 것은 서로를 위한 섬김입니다. 타자도 역시 섬김의 대상이 됩니다. 투쟁하며 조직과 타자의 소중함을 인식합니다. 저항은 의식과 의식 간의 투쟁입니다. 투쟁이 있기에 자아는 자기를 인식할 수 있습니다. 그리고 타자의 의식과 싸움을 하는 것은 그가 싸울 만한 대상으로 인정되기 때문입니다. 인정되지 않는다면 싸울 가치가 없습니다. 뒷담화와 왕따, 조용한 관둠은 개인의 내적 만족을 위해 벌이는 수단화임으로 투쟁이 아닙니다. 하지만 자신과 타자 사이에 표현된 저항은 조직 안에서 타자들과 대면할 수 있으므로 투쟁의 기회가 주어집니다. 내가 인정하는 것을 타자가 불인정함으로 서로가 저항합니다. 그리고 이 저항으로 각자의 의식은 더욱 확장됩니다. 마침내 인정의 정립과 불인정의 반정립의 대결 속에서 보다 선하고 유익한 제도를 선택하여 하나의 종합이 이루어집니다. 조직은 종합이 이루어질 수 있도록 공론의 장場을 열어야 합니다. 이 종합은 옳은 것이며 좋은 것이며 선한 것입니다. 회피하거나 비난하는 것이 아닌 치열하게 협의하고 합의해 낸 것은 그 과정에 의해 옳고 좋고 선합니다. 각자가 추구하는 가치와 의식의 대립을 다양성으로 이해합니다. 갈등과 딜레마가 아닌 역설적인 공존으로 이루어낸 결과입니다. 이 결과물 자체가 조직의 진전進展입니다. 시간이 지난 후에 이 진전의 결과물도 누군가에 의해 불인정될 것이며 또 다시 불인정과 인정 사이에서의 의식과 의식 간에 투쟁이 있을 것입니다.

그렇게 조직은 더 나은 곳으로 나아갑니다.

조직은 의식의 장입니다. 투쟁하는 의식들이 두려움과 마주하면서 좀 더 나은 공동의 선을 이루는 곳이 바로 조직입니다. 아무런 대립과 모순이 없는 조직이라면 모두가 노예입니다. 저항과 투쟁이 없는 자아는 주어진 삶을 살아갈 뿐입니다. 조금의 진전도 없고 주인에 의해 자기를 보존하는 무력하고 두려운 존재들이니 노예입니다. 우리가 주인이 될 수 있는 것은 두려움에 쌓인 자신과 타자의 의식이 공존하고 있기 때문입니다. 두려움과 두려움이라는 의식이 만나 또 두려운 저항을 하지만 이 투쟁을 통해 자유로운 주인이 됩니다. 그러니 타자를 섬겨야 합니다. 저항하는 타자의 의식 덕분에 자기의식이 세계를 인식할 수 있습니다. 타자는 싸움의 대상에서 섬김의 대상이 됩니다. 투쟁으로 서로가 인정됩니다.

이렇게 사람은 저항을 통해 노예에서 주인이 됩니다. 헤겔은 주인과 노예의 변증법에서 노예가 주인이 될 수 있는 세 가지를 요소를 말합니다. 그 요소란 '섬김'과 '노동', 그리고 '두려움'입니다. 조직에서 인정하고 인정되어야 하는 첫 번째는 '두려움'입니다. 조직은 본질적으로 두려운 곳입니다. 하나의 목적을 위해 서로 다른 존재들이 투쟁하는 곳입니다. 마치 미지未知의 허락하지 않은 자연과도 같습니다. 생존의 위협이 있는 자연 속에서 자신을 인정받기 위한 싸움이 이루어집니다. 이 싸움에 의해 자신이 주인이 되거나 노예가 됩니다. 때문에, 조직은 두려운 장소입니다. '이 두려움이 자신의 내면 안에서 꿈틀대고 있음이 인정되어야 합니다. 그리고 나의 동료들도 똑같이 두렵다는 것, 그들도 주인이 되고 싶어 한다는 것을 인정해야 합니다.' 때문에, 서로의 두려움을 인정하지 않는, 자신의 두려움 때문에 타자를 두려움 속으로 몰아넣는 뒷담화와 왕따는 불인정됩니다.

조직에서 인정하고 인정받아야 하는 두 번째는 '노동'입니다. 자신의 내면도 두렵고 동료도 두렵습니다. 두려움에도 불구하고 우리가 이 조직에 함께 하는 이유는 특별한 목적이 있기 때문입니다. 우리는 노동을 하기 위해 조직에 모였습니다. '이 노동이 어떠한 가치가 있기에 두려운 장소에 모이게 할 수 있을까요?' 바로 '거룩함의 인정'입니다. 사람은 노동을 통해 거룩함을 인정받습니다. 노동을 해야 가족들을 먹여 살릴 수 있습니다. 가족으로부터 인정받습니다. 노동을 해야 주인이 원하는 것을 내어놓을 수 있습니다. 주인으로부터 인정받습니다. 노동을 해야 자연을 개발할 수 있습니다. 자연으로부터 인정받습니다. 사람은 노동을 통해 세계로부터 인정을 받을 수 있고 자신의 존재를 인식하고 인정하게 됩니다. 이러한 인정은 사람이 태어난 이유, 사명과도 같습니다. 노동을 하지 않는다면 스스로 거룩함을 드러내야 합니다. 쉽지 않습니다. 그래서 노동은 거룩한 것입니다. 거룩함은 고상한 것이 아니라 치열함입니다. 태초부터 본질적으로 거룩함이 변하지 않는 존재는 신神뿐입니다. 사람은 거룩해지기 위해, 거룩함을 잃지 않기 위해 치열한 삶을 살아야 합니다. 인정 역시도 그냥 주어지는 것이 아닙니다. 인정과 불인정 간의 삶을 건 투쟁에 의해 주어집니다. 그러므로 투쟁이 없는 조용한 관둠은 거룩한 노동이 아니므로 불인정됩니다.

마지막으로 '섬김'을 인정하고 인정되어야 합니다. 구성원은 거룩한 노동을 하기 위해 조직에 모입니다. 거룩한 노동이 되는 이유 중 하나가 타자로부터 인정되기 때문입니다. 그 타자는 동료입니다. 동료는 두려움의 대상이기는 하지만 그 타자로부터 자기를 의식하고 인식하며 인정됩니다. 마찬가지로 타자 역시도 나로 인해 인식되며 인정됩니다. 우리가 인정되는 이유가 타자가 존재하기 때문입니다. 나와 타사는 섬김으로 인정하고 인정되어야 합니다. 섬김이란 자기절제입니다. 기꺼이 자기를 절제하는 이유는 타자를 섬기기 때문입니다. 이 섬김으로 사람은 자유로워집니다.

이러한 두려움, 섬김과 노동을 인정하고 인정되면서 사람은 즐거움을 발견하게 됩니다. 이제 조직은 두려운 장소이면서도 즐거운 장소가 됩니다. 패배한 노예에서 성공한 주인이 되어 자유롭기 때문입니다. 당신은 조직에서 '노예인가요? 주인인가요?' 이에 대한 답은 '당신의 조직이 두려움과 노동, 그리고 섬김을 인정하고 인정되고 있는가?'에 있습니다. 사람은 누구나 조직에서 주인이 되고 싶어 합니다. 주체로서 일하고 싶어 합니다. 하지만 누구나 주인이 될 수 없습니다. 이것이 사회와 조직의 차이점입니다. 사회에서는 특정한 주인이 없기에 주인과 노예의 관계가 잘 성립되지 않습니다. 고용주와 노동자의 관계가 없다는 것입니다. 그러므로 사회 구성원은 그 스스로 주체가 되므로 자기의 의지에 따라 주인이 될 수 있습니다. 물론 독재사회는 제외하고 말입니다. 그러나 조직은 주종主從의 관계가 분명 있습니다. 조직은 노동과 보상이라는 교환에 의해 계약이 되며 여기에서 특정한 주인과 노예의 관계가 약정됩니다. 때문에, 조직에서는 누구나 주인이 될 수 없습니다. 주인의 선택이 있어야 가능합니다. 그렇다면 모두가 주인이 되기 위해서는 주인의 답이 필요합니다. '노예에게 섬김을 받을 것인가? 주인에게 섬김을 받을 것인가?' 주인의 입장과 처지에 따라 답이 다르겠습니다. 주인이 사람을 보는 관점에 따라서도 다릅니다. 모두가 주인의 주인이 되는 조직이 경쟁력이 있다고 믿는다면 주인은 주인에게서 섬김을 받겠다고 말할 것입니다. 그 반대라면 노예에게서 섬김을 받는 것을 선택할 것입니다. 주인과 노예의 질문 장에서 이렇게 말씀드렸습니다. '노예에게 인정을 받는 것이 무슨 의미가 있겠는가? 주인에게서 인정을 받는 것이 진정한 가치가 있는 것이 아닌가?' 모두가 주인의 주인이 되어 두려움이 아닌 서로가 즐거움을 주는 조직이야말로 조직의 존재 이유입니다. 그렇다면 주인으로부터 섬김을 받기 위해서 주인은 노예의 주인 됨을 선택해야 합니다.

모두가 주인의 주인이 되는 조직을 원한다면 구성원을 주체로 세우면 됩니다. 그들을 주인으로 인정하는 것입니다. 주인으로 인정하는 방법은 질문하는 것입니다. 많은 조직의 리더들이 모두가 주인이 되는 조직을 바랍니다. 구성원이 주인의식을 가졌으면 하는 것이 모든 리더의 바람입니다. 그러나 아쉽게도 리더들이 원한다고 해서 모두가 주인의 주인이 되는 조직이 되지 않습니다. 그런 조직이 되기 위해서는 리더에게 몇 가지 조건을 요구합니다. 먼저 리더가 노예가 되어 본 사람이어야 합니다. 노예의 삶이 무엇인지 모르는 사람은 주인의 삶을 알 수 없습니다. 주인 됨의 즐거움을 모릅니다. 오직 주인의 편안함을 알 뿐입니다. 노예의 삶을 모르니 주인의 삶도 모를 것이기에 구성원을 노예에서 주인으로 인정한다는 의미를 알 수 없습니다. 또한 리더는 주인이 되기 위한 삶을 건 투쟁을 해보았어야 합니다. 이 역시도 자신이 노예였던 적이 없는 사람은 이런 경험이 있을 수 없습니다. 세 번째는 그 투쟁으로 해방된 사람이어야 합니다. 이 역시도 노예였던 적이 없는 사람은 억압된 경험이 없을 것임으로 해방된 적이 없습니다. 그러므로 모두가 주인의 주인이 되는 조직을 이끌거나 만들 수 있는 리더는 노예였던 사람입니다.

헤겔도 역시 이렇게 주장합니다. 주인이 될 수 있는 노예는 '노예였었고 죽음과 직면한 투쟁을 했으며 거기에서 해방된 자만이 가능하다.' '그렇다면 노예의 경험이 없던 리더는 아예 희망이 없는 것일까요' 꼭 그렇지 않습니다. 주인과 노예의 인정투쟁 중 가정 구간을 기억해 봅시다(주인과 노예의 인정투쟁 중 저자의 가정 구간, 146쪽). 주인의 주인이 되는 조직에서 주인인 리더의 역할은 재촉이 아니라 촉진입니다. 참다운 리더는 노예인 구성원을 재촉하는 사람이 아닌 촉진하는 사람입니다. 노예가 아니었던 사람이 리더가 될 수 없다는 것은 주인으로서 재촉만 했던 사람이기 때문입니다. 그러나 노예의 경험이 없던 사람이라도 주인으로서의 촉진을 지향하는 사람이라면 가능합니다. 또한 사람은 재촉하는 존재가 아니라 스스로 촉진되는 존재라고 믿는 리더라면 그는 리더의 자격이 있습니다. 조직에서 인정하고 인정되어야 하는 것은 재촉이 아니라 촉진입니다. 사람은 스스로 촉진되어 투쟁하는 자유로운 주재입니다.

인정하고 인정되는 조직

사람은 그 존재만으로도 존엄합니다. 존엄한 사람이 그 존재를 실현할 수 있도록 그 사회는 정의로워야 합니다. 정의로운 사회란, 분배적 정의가 실현된 사회입니다. 분배적 정의란 물질의 분배를 말하는 것이 아닙니다. 그 어떤 경제학자나 사회학자도 사회의 재화를 정의롭게 분배할 수 없습니다. 정의로운 분배란 사람이 누구나 자유롭고 평등할 수 있도록 그 사회의 자유와 평등을 분배하는 것입니다. 자유와 평등의 분배적 정의가 실현되는 것과 인간의 존엄은 서로 연관되어 있습니다. 인간의 존엄은 자연의 영역, 분배적 정의는 사회의 영역입니다. 자연 상태에서 존엄한 존재인 사람이 사회상태에서 인정받기 위해서는 그 사회가 자유롭고 평등해야 합니다. 자유와 평등이 인정되지 않으면 자신을 실현할 수 없습니다. 자기실현을 할 수 없다면 사람의 존엄은 훼손됩니다. 역사 속에 드러난 수많은 혁명을 보면, 이유는 다 다르지만 일관된 요구는 자유와 평등이었습니다. 그 사회가 자유롭고 평등하지 않기에 부자연스럽습니다. 자유롭고 평등한 존재가 느끼는 부자연스러움은 억압입니다. 억압당하는 주체는 사람이며 본질은 존엄입니다.

구약시대의 사람은 신神의 명령을 어긴 죄에 의해 벌을 받습니다. 여자는 아이를 낳을 때 출산의 고통, 남자는 죽을 때까지 일해야 하는 고통, 그리고 남녀 모두 죽음의 고통이라는 벌을 받습니다. 존엄한 사람에게 주어진 고통입니다. '어떻게 존엄한 사람에게 고통이 있을 수 있을까요?' 그래서 신은 고통만이 아닌 기쁨이라는 것도 남겨두었습니다. 죄에 의한 고통이라는 벌을 주었지만 기쁨만은 남겨두었습니다. 마치 쓴 소주를 마실 때 맛있는 김치찌개가 안주로 올라오듯이 말입니다. 출산의 고통은 있지만, 생명의 탄생이라는 기쁨을 남겨두었습니다. 일을 해야 하는 고통이 왔지만, 그 일을 통해 나를 발견할 수 있는 기쁨을 남겨두었습니다. 마침내 사람은 죽어야 하는 고통이 주어졌지만, 그 죽음을 통해 신과 함께 할 수 있는 축복이 주어졌습니다. 고통과 기쁨은 모순입니다. 억압과 자유도 모순입니다. 모순과 대립에 의해 정반합이 이루어집니다. 출산, 일, 죽음이라는 고통과 생명, 발견, 구원이라는 기쁨은 모순입니다. 억압된 상황에서 기쁨을 찾아내기는 쉽지 않습니다. 여기서 사람이 본질적으로 자유롭고 평등하다는 것이 기쁨만은 남겨 놓았다는 증거가 됩니다. 억압을 극복해 낼 수 있는 것은 자유와 평등입니다. 자유와 평등마저도 모순입니다. 하지만 사람이 자유롭고 평등하다는 모순과 대립에 의해 생명과 죽음을 초월한 구원이 있습니다.

사람에게 기쁨만은 남겨두었다는 의미는 사람의 자유의지自由意志를 빼앗지 않았다는 복음입니다. 신의 명령을 어긴 죄는 자유에 있습니다. 뱀의 유혹이 있었지만, 결정은 사람의 자유의지에 의한 선택이었습니다. 그러함에도 신은 자유의지를 그대로 남겨두었습니다. 그리고 모두가 신의 자녀이며 구원받을 수 있다는 평등도 남겨두었습니다. 만약, 자유의지를 거두었다면 출산, 일, 죽음은 그 자체가 억압이자 고통입니다. 출산도 축복이 아닌 고통일 뿐이며 일은 죽을 때까지 일만 해야 하는 고통 그 자체입니다. 결정적으로 일이 억압과 고통이기에 구원이 있을 수 없습니다. 시키는 대로 마지못해 일을 해야 한다면 구원의 있을 수 없기 때문입니다. 구원은 오직 신에 의해서만 결정될 것입니다. 하지만 신은 자유의지를 남겨 두었습니다. 그 자유의지에 의해 사람이 스스로 판단하고 결정하면서 일하기를 원합니다. 그 일을 통해 자신을 발견하기를 원합니다. 나를 발견하게 되면서 사람은 신과 가까워집니다. 신과 가까워진다는 것은 거룩해진다는 것을 의미합니다. 사람은 그 거룩함으로 구원됩니다. 그러므로 일이라는 것은 신과 가까워지는 축복인 것이며 사람은 그 자유의지에 의해 신을 찬미합니다.

죄의 벌을 통해 신에게서 갈라져 나온 사람은 일을 통해 신을 발견합니다. 과거에는 자연과 집이 신과 만나는 장소였습니다. 지금은 대개의 많은 사람이 조직에서 일을 합니다. 조직이 바로 신을 만나는 장소입니다.

사람은 조직에서 일의 의미와 자신을 발견해야 합니다. 그 신비가 일어나는 곳이 조직입니다. 장소는 자연과 집에서 조직으로 변했지만 변하지 않는 조건이 있습니다. 바로 자유와 평등입니다. 자유의지에 의해 스스로 선택하고 결정하여 일을 할 때 신을 발견할 수 있습니다. 억압과 고통으로는 가까워질 수 없습니다. 조직도 억압과 명령에 의해 일을 하는 사람보다 자발적으로 일을 하는 사람들을 원합니다. 그들에게 성과가 있기 때문입니다. 그렇다면 이렇게 정리할 수 있겠습니다.

'이끄는 분은 신이시나 선택은 사람의 '자유의지'이다
이끄는 사람은 리더이나 선택은 구성원의 '자율성'이다
찬미는 자유의지에 의해 아름답고
성과는 자율성에 의해 지속 된다'

사람은 그 자유의지에 의해 삶의 주인입니다. 구성원은 그 자율에 의해 조직의 주인입니다. 만약 자유의지와 자율이 인정되지 않는다면 사람과 구성원은 노예이자 기계입니다. 기계에 구원이 있을 수 없고 노예가 행복할 수 없습니다. 억압과 고통이라는 정립이 자유와 자율에 의해 반정립되므로 우리는 종합을 이루어낼 수 있습니다. 그러나 신이 남겨준 사람의 자유와 자율은 역사 안에서 반복적으로 잘 못 악용되거나 억압을 당합니다. 그러함에도 사람은 그 역사의 반복 속에서 생명과 명예를 건 투쟁으로 자유를 찾고 인정됩니다.

신은 사람에게 자유의지를 남겨두었습니다. 자유의지에 의해 거룩해지는 사람도 있지만 그렇지 못한 사람들이 많아졌습니다. 사람들에게 자유의지로 무엇을 할 수 있고 무엇을 할 수 없는지를 알려주어야 했습니다. 그것이 '십계명'이라는 신의 규정rule 規定입니다. 십계명은 말 그대로 매우 단순했습니다. 단순함을 지키면서 구체적인 선택과 결정은 사람의 자유의지에 남겨두었습니다. 하지만 세월이 지나면서 사회가 커지고 일들이 세분화되면서 규정을 해석할 사람들이 필요해졌습니다. 그들이 율법학자들입니다. 그들은 해석권력을 갖게 됩니다. 해석권력은 규정을 복잡하게 만들어버립니다. 서서히 규정이 권력화합니다. 그리고 그 권력화는 위계를 만들어냅니다. 위계는 사람들을 잡아먹습니다. 자유의지가 억압됩니다. 사람들은 자유의지에 의해 결정하고 행동하지 못하고 머뭇됩니다. 해석권력자의 해석을 기다려야 하기 때문입니다. 그리고 권력자의 해석에 의해 구원이 판가름 되어 버립니다.

이때 사람의 자유의지를 위해, 자유의지에 의해, 자유의지에 의한 죽음을 선택한 사람이 있습니다. '내가 너희를 사랑한 것 같이 너희도 사랑하라' 그는 복잡한 규정의 계율에서 사랑이라는 매우 단순한 가치를 말합니다. 오직 사랑이라는 가치만으로 구원될 수 있다고 말합니다. 그 사랑이라는 가치를 위해 '자유의지로 선택한 행동'이 신이 원하는 것이라고 말합니다. 사랑하기 위한 행동의 선택은 해석권력자의 해석이 아니라 오로지 사람의 자유의지에 의한 나눔 을 말합니다. 사람들의 자유의지에 의한 자발적인 사랑의 행동이 바로 규범norm입니다. 사랑이라는 가치와 자유의지에 의한 단순한 규범이 입법legislation 立法됩니다. 사람들은 더 이상 권력자들의 해석을 기다릴 필요가 없어졌습니다. 이제 사랑의 실천을 위해 각자가 선택한 행동을 하면 됩니다. 이내 권력자들은 힘을 읽게 됩니다. 마침내 사람은 태초의 자연 상태처럼 자유롭고 평등해집니다.

사람이 자유롭고 평등해졌기 때문에 성령聖靈 holy spirit이 내릴 수 있게 됩니다. 은사는 자유로운 사람만이 행동할 수 있습니다. 작고 단순한 사랑이라는 가치와 규범에 의해 율법에서 해방된 사람은 자유롭고 평등해졌습니다. 율법학자들의 해석만 기다린다면 은사도 역시 해석권력자들의 입만 보고 기다려야 합니다. 그러나 사랑에 의해 자유롭고 평등한 사람의 존재를 되찾았습니다. 그랬기 때문에 성령이 내릴 수 있었던 것이고 그렇게 사회는 다양성 안에 일치를 이루게 됩니다. 조직에서의 구성원도 다양한 은사들을 가지고 있습니다. 만약 조직이 자유롭고 평등하지 않다면 이 은사는 사용될 수 없습니다. 은사란 다양한 구성원의 역량입니다. 역량의 발현은 조직이 자유롭고 평등할 때 가능합니다. 주어진 대로만 일을 해야 하고 자신의 의견을 말할 수 없다면, 요행히 조직의 기대와 자신의 역량이 맞아떨어지지 않는다면 역량은 발현될 수 없습니다. 역량이 발현될 수 없다면 사람은 조직에서 일의 의미와 자신을 발견할 수 없습니다. 성과도 있을 수 없고 성장도 있을 수 없으니 조직도 그렇고 구성원도 그렇고 고통스럽기만 합니다.

하지만 자유롭고 평등한 조직은 가치와 규범 속에서 자유롭고 역량을

펼칠 수 있는 기회에 평등합니다. 자유롭고 평등하니 조직은 정의롭습니다. 구성원이 조직에서 인정받고 싶어 하는 것은 자유와 평등입니다. 사람은 본질적으로 자유롭고 평등하기 때문입니다. 사회의 구성원으로서 자유롭고 평등하다면 조직의 구성원으로서도 자유롭고 평등하여야 합니다. 사회의 구성원이나 조직의 구성원이나 똑 같은 인격체인 사람이기 때문입니다. 만약 그 사회가 자유롭고 평등하지 않다면 사람은 자신이 하고자 하는 바를 이루어낼 수 없습니다. 기다려야 하고 눈치를 봐야 하고 하기 싫은 일을 해야 하기 때문입니다. 그런 사회에서 성장이 있을 수 없습니다. 마찬가지로 조직의 구성원도 자유롭고 평등해야 뜻하는 바를 이루어 낼 수 있습니다. 애써 수평적 조직, 권한위임 등의 단어로 설명하려고 하지만 진정으로 내면에서 욕구하고 있는 것은 자유와 평등입니다. 그 자유와 평등을 인정받을 때 인정하고 인정될 수 있습니다.

조직에서의 자유롭고 평등함이란 조직의 목표와 규범이라는 조건 하에서 누리는 공동체적 자유와 평등입니다. 그러한 조직에서야 말로 사람의 존엄성과 분배적 정의가 실현될 것입니다. 그리고 마침내는 일의 의미와 자기를 발견하여 신과 같이 거룩해질 것입니다. 하나 잊지 말아야 할 것이 있습니다. 의미와 자기 발견은 그냥 주어지지 않습니다. 자유의지를 선물 받은 사람은 자유를 지켜내어야 했으나 그 자유를 해석권력자들에게 빼앗긴 경험이 있습니다. 자유를 획득하고 지켜내는 인정투쟁은 이제 사람의 몫입니다. 신이 다시 사람이 되어 빼앗긴 자유를 권력자들의 손에서 찾아 주지 않습니다. 이제 남은 몫은 자기의식과 자유의지에 의해 존재를 발견하는 사람, 상호수용과 상호작용, 상호인정에 의해 명예와 생명을 건 투쟁을 하는 사람의 몫입니다. 조직도 마찬가지입니다. 주체인 사람은 주인으로서 자유롭습니다. 그것이 사람과 조직의 힘입니다. 세상은 특출한 사람, 무엇인가 큰 성과를 이루어낸 사람을 역사로 기억합니다. 그도 역시 명예와 생명을 건 투쟁을 한, 한 명의 구성원입니다. 그의 투쟁은 혼자일 수 없습니다. 누군가의 또 다른 구성원이 존재하였기에 가능합니다. 존재에 의한 서로의 인정투쟁에 의해 사회가 진전하고 역사가 됩니다. 투쟁의 목적은 자기의 생존이 아닌 타자와 공동체의 생명과 번영입니다. 이렇듯 인정투쟁은 상호호혜에 의한 역사의 진전이며 그것이 조직이 존재하는 이유, 일을 하는 목적이자 의미입니다.

5부

조직의 정반합에 관한 7가지 인정투쟁

recognition

Organization

democracy

끝으로 조직에서 흔하게 고민이 될 수 있는 인정투쟁의 상황들을 5부에 남깁니다. '자유와 절제', '착함과 독함', '일과 사람'이라는 대립, '변함과 불변함', '고성과자와 저성과자', '의무와 책임'이라는 모순을 어떻게 해석할지에 대한 고민입니다. 조직 갈등을 해결하기 위해 다양한 중재 방안이 제시되고는 합니다. 하지만 쉽게 해결되지 않습니다. 갈등적 상황으로만 이해하면서 양자 간에 무엇인가를 선택하려고 하기 때문입니다. 저는 이 사례들을 상호작용과 상호수용, 그리고 상호인정과 상호호혜의 관점에서 접근하고자 합니다. 모쪼록 정반합의 인정투쟁을 이해하는 데 도움이 되었으면 합니다.

1.
자유인가 절제인가?

조직의 구성원으로부터 인정을 해 달라는 요구를 받습니다. 고민이 생깁니다. '인정할 만해야 인정할 것이 아닌가?' 또는 '이미 인정을 하고 있는데 어떻게 표현하라는 것인가?' 인정을 받고 싶은 사람과 인정을 해주고 싶은 사람 사이에 괴리가 있습니다. 저 역시도 상급자와 구성원에게 인정받고 싶어 합니다. 그럼 저의 상급자와 구성원도 동일한 입장입니다. 제가 인정받을 만해야 하는 것이고 이미 인정을 하고 있을지도 모릅니다. 사람의 상황과 역할에 따라 다른 입장이기는 하지만 인정의 맥락은 동일합니다. 인정하는 자와 인정받고 싶은 자 사이의 '관계'에서 오는 '투쟁'입니다.

조직에서의 인정은 인정받고 싶은 사람에게 요구하는 것입니다. 인정받고 싶지 않은 사람에게서의 인정은 의미가 없습니다. 인정을 받고 싶어 하는 사람에게는 공통적으로 권한이 있습니다. 권한이 없는 사람은 다른 사람을 인정할 수 없습니다. 권한이 없는 사람에게 인정을 요구하지도 않습니다. 권한이 있는 사람에게서 인정을 받는다는 것은 '자유'를 얻는다는 것을 의미합니다. 인정과 불인정의 경험을 소개합니다. 인정받기 위해 어필하는 분을 인정하지 않았습니다. 그분 스스로는 인정받을 만하다고 주장하지만 제 입장에서는 불인정할만한 사유가 있었습니다. 또 한 번은 저의 의견을 인정할 것을 요구하였지만 그분은 저를 불인정하였습니다. 인정받을 만한 사유가 아니고 시기가 지났다는 것이 그 이유였습니다. 두 번의 사례를 통해 인정과 불인정의 투쟁을 경험했습니다. 저에게 인정을 받지 못한 분과 불인정된 저는 결과적으로 '자유'를 획득하지 못했습니다. 인정을 요구하는 이유는 다양하지만 결국 인정은 자유를 선물합니다.

인정을 받은 사람은 '자유'를 획득하겠지만 인정을 해준 사람에게는 손실이 발생합니다. 바로 '자기절제'입니다. 조직에서 누군가에게 자유의 권한을 인정한다면 또 누군가는 그에 대한 책임을 감수하여야 합니다. 제가 만약 그분을 인정했다면 저는 그분을 인정한 것에 대한 절제가 필요합니다. 자유의 절제입니다. 인정된 자유를 지속적으로 승인하여 주기 위해서는 신경도 더 써야 하고 책임도 져야 합니다. 그러하니 저의 절제를 필요로 하게 됩니다. 저를 불인정한 분이 저를 인정하였다면 그분도 역시 자신을 절제하여야 합니다. 저 이외의 다른 이해관계자들을 신경을 써야 할 것이고 저를 인정함을 통해 파생될 수 있는 일들을 감당해내어야 합니다. 그러하니 그분은 평소에 영위하던 자신의 자유를 절제하여야 합니다. 우리는 종종 타자에게 자신을 인정할 것을 요구하지만 자신의 자유를 인정해 준 사람이 감내하여야 하는 절제에 대해 무관심합니다.

자유를 영위하기 위해서는 타자의 절제가 필요합니다. 이렇게 자유와 절제의 투쟁을 감안하여 본다면 자신을 절제하고 타자의 자유를 인정한다는 것은 놀라운 의미입니다. 자신이 아닌 타자를 위한 선택이기 때문입니다. 이 놀라움은 인정을 받음으로써 자유를 획득한 사람에게도 일어납니다. 자신을 인정해 준 사람은 자신이 이미 인정하고 있던 사람입니다. 그를 인정하고 있었다는 것은 그의 자유를 인정했다는 의미인 것이고 그의 자유를 인정해주기 위해서는 자신의 자유를 절제하여야 합니다. 이처럼 인정과 불인정은 대립되는 것 처럼 보입니다. 자유와 절제는 모순처럼 보입니다. 하지만 나의 자유를 위해 타자가 자신을 절제하고 타자의 자유를 위해 내 자신의 자유를 절제하여야 한다는 것은 모순이 아닌 상호존중입니다. 사람은 인정하고 인정되기 위한 투쟁을 벌이지만 이 투쟁은 먹고 먹히는 대립적인 생존경쟁이 아니라 서로를 위한 상호호혜입니다. 결국 인정과 불인정, 자유와 절제는 모순과 대립이 아니라 상호존중이자 호혜입니다.

상호존중과 상호호혜가 가능한 이유는 '관계'에 있습니다. 우리는 관계되어 있습니다. 내 자신의 자유를 위해서 타자의 자유가 절제되어야 하는 이유는 서로 '관계'되어 있기 때문입니다. 자신의 자유를 획득하기 위해 인정을 요구하면서 타자의 자유가 절제되어야 한다는 것을 모른다면 이는 타자를 인정하고 있지 않다는 의미입니다. 단절입니다. 단절되었다면 인정하고 인정될 수 없으며 오직 생존경쟁만이 있을 뿐입니다. 조직이 생존을 위한 전쟁터가 되는 이유입니다. 서로가 밀접하게 관계되어 있음을 인식하고 서로를 존중하고 호혜적으로 대해야 합니다. 관계되어 있으므로 서로의 자유를 위해 절제할 수 있는 것입니다. 궁금한 점이 생깁니다. '왜 우리는 조직에 관계되어 있을까요?' 조직의 사명입니다. 사명으로 조직에 모여 관계되었고, 사명을 이루기 위해 자유와 절제가 필요하고, 사명을 이룰 때 우리는 인정하고 인정됩니다. 이렇게 정리하고 싶습니다.

인정되면 우리는 자유를 얻겠지만 인정하면 우리는 절제해야 합니다
관계는 자유이자 절제로 인정하고 인정됩니다.

인정과 불인정은 대립같아 보이지만 존중이며,
자유와 절제는 모순같아 보이지만 호혜입니다.
대립과 모순은 존중과 호혜로 관계합니다.

우리는 관계로 자유와 절제, 존중과 호혜로 인정하고 인정됩니다
이 관계의 목적은 우리의 사명을 이루고자 함이며,
우리의 사명을 이룰 때 우리는 인정하고 인정됩니다

한 가지 질문이 남았습니다. '인정하고 있다는 것을 어떻게 표현할 것

인가?' 자유의 권한을 인정하여 주기 바랍니다. 사람이 인정받기를 원하는 것은 경제적 보상 이전에, 정서적 보상보다도 실질적인 자유를 획득하는 것입니다. '그럼 왜 자유를 획득하기를 원할까요? 당신은 왜 자유롭기를 원하시나요?' 저는 자유로울 때 일을 더 잘합니다. 일을 더 잘한다는 것은 사명에 가까워진다는 의미입니다. 그래서 자유를 원합니다. '당신도 그러실까요?'

2.
착한 리더인가 독한 리더인가?

리더가 착하다는 것은 무엇일까요? 독하다는 것은 또 무엇일까요? 어찌 되었든 착함이나 독함이나 단어에서 풍기는 이미지만으로는 그리 좋아 보이지는 않습니다. 무엇이든 극단적인 성향은 극단적인 상황을 만듭니다. 그 극단을 선호하는 상황에 처한 사람이라면 그 리더를 추앙하겠지만 선호하지 않는 사람이라면 그것만큼 끔찍한 상황도 없겠습니다. 극단적인 상황을 배제하고 리더의 착함과 독함을 풀어보겠습니다. 설명에 앞서 관점의 기준을 제시합니다. 착한 리더와 독한 리더 중에서 어떤 리더가 조직에 유익한지는 리더의 '마음, 그리고 행동'을 보아야 한다는 가정입니다. '마음이 독한지 착한지, 행동이 독한지 착한지' 이런 식으로 말입니다.

먼저 '마음이 착한 리더'로 시작하겠습니다. 마음이 착하면 조직에 유익할 것 같지만 조직에는 치명적입니다. 마음이 착한 리더는 결단을 내려야 할 때 머뭇댑니다. 자신의 결정으로 누군가 피해를 볼 수 있다는 가정 때문입니다. 직면을 시켜야 구성원이 성장할 수 있지만 속상해 할까 봐 말하지 못합니다. 조직이 위기일 때 강력한 리더십을 발휘해야 하지만 혼자서만 고민합니다. 그러다 수습하기 곤란해졌을 때 말합니다. 이런 이유로 마음이 착한 리더는 조직을 위험하게 만듭니다. 사람의 마음을 아프게 하지 않기 위해 착한 마음으로 참았지만 결국은 전체 조직을 힘들게 합니다. 조직이 힘들어지면 더 많은 구성원의 마음이 아프게 됩니다.

'행동이 독한 리더'는 모든 일에 남보다 뛰어나고자 합니다. 그래서 일하는 시간이 많고 고민도 많습니다. 모든 일에 철두철미하며 완벽한 일처리를 추구합니다. 탁월하기에 상도 많이 받고 우수한 프로젝트의 경험도 다양합니다. 사람들은 그런 리더를 보면 열정적이며 헌신적이라고 믿습니다. 그런데 사실은 조직의 사명보다는 자신의 목표가 우선입니다. 네 맞습니다. 조직이 아닌 딴 생각으로 행동이 독합니다. 행동이 독한 리더에게 있어 구성원의 존재는 자기이익입니다. 때문에, 자신과 같은 독함을 구성원에게도 요구합니다. 자기처럼 오랜 시간 일해야 되고 고민도 많이 해야 합니다. 조직이 자기중심적으로 돌아가야 합니다. 그럴수록 구성원은 자기주도성을 잃습니다. 자신이 탁월하다고 믿기에 자기의 결정대로 일이 진행되어야 합니다. 구성원은 그 리더의 눈치를 보게 됩니다. 리더의 결정에 따라 일을 해내기 바쁩니다. 때문에, 행동이 독한 리더도 조직에 유익하지 않습니다.

조직에 유익한 독함이라는 것은 행동이 독한 것이 아니라 '마음이 독한 리더'를 말합니다. 마음이 독한 이유는 명확한 목적이 있기 때문입니다. 삶의 방향이 조직의 사명과 맞닿아 있습니다. 때문에, 인기에 연연해하지 않습니다. 사명의 화신이 되어 그것을 체화하고 실천하고 목적에 다다르려고 합니다. 그러니 마음이 독합니다. 마음이 독하지 않으면 목적이 흐려져 길을 잃게 됩니다. 자신만 길을 잃는 것이 아니라 조직이 길을 잃습니다. 그러므로 '마음이 독한 리더'는 행동이 독합니다. 하지만 이 독함은 자기절제를 의미합니다. 자신의 행동이 느슨해지거나 자기중심적이면 목적이 흐릿해질 수 있으므로 자기 스스로를 절제합니다. 그 흐릿해짐이 구성원에게 부정적 영향을 줄 수 있으므로 절제합니다. 독하게 절제하며 행동하는 리더의 모습을 본 구성원은 그를 착하다고 인식합니다.

마음이 독한 리더는 그 스스로가 절제함으로 '행동이 착한 리더'입니다. 결코 마음이 착해서 행동이 착한 것이 아닙니다. 절제하는 독함에 의해서 행동이 착합니다. 행동의 착함이란 기다려주는 것, 믿어주는 것, 지지해주는 것입니다. 착하다고 해서 팔랑귀라든지, 일을 설렁설렁하게 하는 것이 아닙니다. 사람들 사이의 관계는 행동을 통해 맺어집니다. 이때의 행동이란 환심을 얻기 위함이 아닙니다. 타자가 존재로서 가치가 있기 때문에 인정해 주는 착한 행동입니다. 그가 구성원을 인정하는 것은 명확한 목적이 있기 때문입니다. 조직의 사명을 이루기 위해서는 구성원이 절실히 필요합니다. 때문에, 리더 자신은 지치지만 구성원의 성장을 기다려줍니다. 걱정은 되지만 믿어줍니다. 조금 모자라도 지지해줍니다. 목적을 위해 마음이 독하기 때문입니다. 리더가 구성원을 그 존재만으로 인정하여 기다리고 믿고 지지해주면 구성원은 자아존중감을 느끼게 됩니다. 존중하는 행동에 감화를 받은 구성원은 자신이 리더에게서 경험한 바대로 착한 행동을 합니다.

'행동이 착한 리더'는 목적을 중심으로 착하게 행동함으로 자기중심적이지 않습니다. 편향되지도 않습니다. 때문에, 구성원은 자기주도성을 잃지 않습니다. 눈치를 보기보다는 스스로 결정합니다. 구성원에게 중요한 것은 리더가 아니라 조직의 목적이기 때문입니다. 자기주도적으로 스스로 결정해서 일을 하는 구성원을 바라보는 리더의 마음은 독해야 합니다. 그러나 리더가 권력의 중심에서 멀어지는 듯한 느낌을 받습니다. 구성원의 자기주도성에 오히려 기분이 나쁠 수도 있습니다. 하지만 리더는 그것을 또 절제합니다. 구성원이 목적으로 향해가고 있다고 믿기 때문입니다. 목적을 위해 절제하고 있는 리더의 독한 마음이 있기에 가능한 일입니다.

행동도 독하고 마음도 독한 리더에게는 사람이 옆에 머물지 못할 것 같습니다. 행동도 착하고 마음도 착한 리더의 조직은 금방 망할 것 같습니다. 하지만 가장 최악의 리더는 마음이 착하고 행동이 독한 리더입니다. 이중 메시지가 있는 리더입니다. 그래서 혼란스럽습니다. 겉보기에는 건강한 조직으로 보이지만 들여다보면 아픈 조직입니다. 앞서 두 유형의 리더는 너무나 명확하기에 사람을 많이 힘들게 하지는 않습니다. 빨리 망하거나 조직을 빨리 떠나면 되기 때문입니다. 그런데 마음이 착하고 행동이 독한 리더는 너무나 알쏭달쏭하여 여러 구성원을 오랫동안 힘들게 하는 조직의 리더입니다.

조직의 리더는 마음이 독하고 행동이 착해야 합니다. 리더는 마음이 독하기에 자신을 절제합니다. 절제하기에 행동이 착합니다. 착하다는 것은 절제함에 있습니다. 그러므로 착함은 내려놓음입니다. 이는 자유입니다. 사람의 자유란, 자신이 하고 싶은 일을 하는 개인주의적 자유주의가 아닙니다. 내가 하고 싶지 않은 일을 하지 않는 책임이 없는 자유도 아닙니다. 진정한 자유란 무언가를 위해 자신이 하고 싶은 일을 절제하는 자기로부터의 자유입니다. '착한 목자는 양들을 위해 목숨을 바친다.' 남을 위해 목숨을 바치는 것보다 착한 행동이 없을 것이며 그 행동은 마음이 독하기에 자기절제로 가능합니다. 자기가 하고 싶은 일을 하는 것이 아니며 하고 싶지 않은 일을 하지 않은 것도 아닙니다. 사명을 선택한 자기로부터의 자유, 그것이 진정한 자유입니다.

리더의 착함과 독함에 대해 그림으로 설명하면 좀 더 쉬울 것 같습니다. 리더의 영향력은 마음과 행동에서 나옵니다. 그림을 보시면 좌측에 마음이 자리합니다. 위로 올라갈수록 독합니다. 하단에는 행동이 자리하고 오른쪽으로 갈수록 독합니다. 그리고 네 개의 분면에 행동과 마음의

착한 리더, 독한 리더

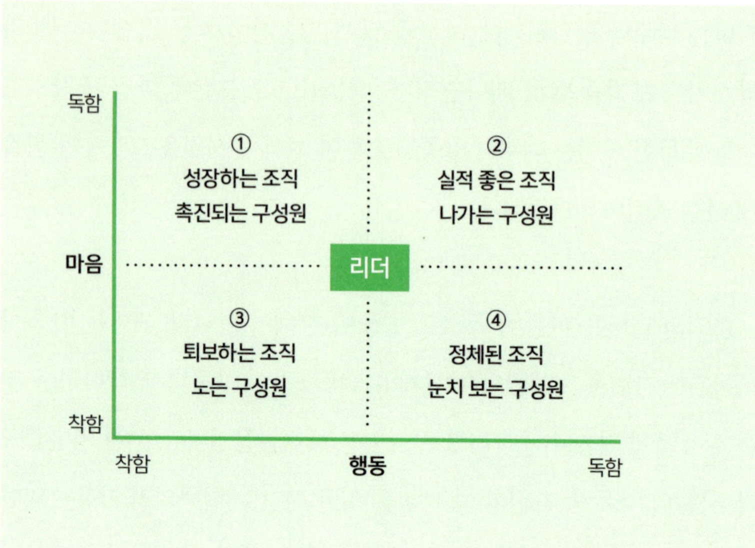

독함과 착함에 따라 조직과 구성원이 어떻게 영향을 받는지가 나타나게 됩니다.

1번의 리더는 마음이 독하고 행동이 착합니다. 가장 이상적인 리더의 유형입니다. 이러한 리더가 이끄는 조직은 촉진됩니다. 마음이 독함으로 스스로를 감내하고 기다려주고 구성원을 지지해주기 때문입니다. 그리고 그 독함으로 자기를 절제함으로 행동이 착합니다. 이런 유형을 본받는 구성원은 리더의 행동과 마음으로 촉진됩니다. 당연히 조직은 성장합니다. 1번의 리더에게 나타나는 행동의 유형은 구성원에게 질문합니다. 그리고 그 질문에 대한 답을 기다려줍니다. 구성원이 그 답을 말하면 기껴이 경청합니다.

2번의 리더는 마음과 행동이 모두 독합니다. 일중독 성향의 행동이 눈에 띕니다. 일을 많이 합니다. 직장에 머무르는 시간도 많고 온통 하루가 조직 생각뿐입니다. 그러나 그 목적은 조직이 아니라 개인입니다. 1번이나 2번 리더의 공통점은 일을 많이 한다는 것에 있습니다. 차이점이 있다면 1번의 목적은 조직의 사명이지만 2번의 목적은 개인의 이익이 중심입니다. 그래서 독합니다. 자기의 것을 채우기 위해 독하며 그런 이유로 구성원을 몰아칩니다. 자신과 똑 같이 일을 해야 합니다. 자신의 마음에 들도록 일을 해야 합니다. 주로 보이는 행동유형은 일을 시키고 확인하고 의심합니다. 목적이 개인의 이익이기 때문에 구성원은 협력하지 않습니다. 리더의 몰아침으로 구성원은 시키는 일을 해내기 바쁩니다. 실적은 좋겠지만 구성원은 오래 있지 못하고 떠납니다.

3번의 리더는 마음과 행동이 모두 착합니다. 마음이 착하다는 것은 여리다는 의미입니다. 여린 이유는 목적이 분명하지 않거나 다른 것에 있기 때문입니다. 사람에게 목적이 없으면 이끌려고 하지도, 몰아치지도 않습니다. 모든 일에 관여하지 않습니다. 사람들에게 웬만하면 잘해줍니다. 굳이 신경을 쓰거나 화를 낼 필요가 없습니다. 사람들은 이를 마음이 착하다고 인식합니다. 리더로부터 아무런 자극이 없으니 구성원은 각자가 선택해야 합니다. 주어진 일이 확실하거나 스스로의 목적이 있는 구성원은 일을 해내려고 합니다. 그 나머지 구성원은 움직이지 않습니다. 노는 구성원이 많아집니다. 이러한 리더에게서 보이는 행동유형은 자꾸 딴소리를 합니다. 조직과는 무관한 이야깃거리를 장대하게 풀어 놓습니다. 구성원은 관심도 없습니다. 물론 놀고 있는 구성원은 좋아합니다. 어차피 시간이 남으니까요. 이러한 조직은 평화로워 보이나 점점 더 곪아갑니다. 어느 순간 그나마 일하는 구성원이 하나 둘 빠져나가면서 결정적인 몰락을 맞이합니다.

4번의 리더는 마음이 착하고 행동이 독한 리더입니다. 조직에서 가장 해악한 리더의 유형입니다. 마음이 착한 것은 구성원에게 인정을 받고 싶기 때문입니다. 구성원에게 잘해주면 자신을 따를 것이라고 믿습니다. 물론 잘해주면 구성원은 그를 따릅니다. 그런데 잘해주는 목적이 조직의 사명이 아니라 리더 자신의 위로를 받기 위함이라는 것이 문제입니다. 리더는 연예인이 아닙니다. 리더가 인정과 사랑을 받고자 한다면 목적이 분명해야 합니다. 즉 일을 잘해야 합니다. 그런데 일을 잘할 능력이 없다 보니 잘해주는 것으로 인정받고자 합니다. 구성원에게 잘해주어서 인정받았다고 생각하는 리더는 일을 몰아칩니다. 1번의 리더가 행동이 독한 이유는 자기를 절제하기 때문입니다. 하지만 4번의 리더는 자기를 절제하지 않고 구성원에게 절제를 요구합니다. 리더가 잘해주었으니 구성원은 자신을 절제하고 일을 열심히 하라는 것입니다. 잘해줌으로 착한 리더가 같기는 한데 요구하는 행동은 독합니다. 그러니 구성원은 눈치를 봅니다. 착함과 독함의 이중 메시지이기 때문입니다. 이런 조직은 정체됩니다.

리더는 조직에서 상당한 영향력을 발휘합니다. 마음이 독해지길 바랍니다. 단 자신에게 독해져야 합니다. 행동은 착해지길 바랍니다. 절제로 구성원에게 착하게 대하여야 합니다. 이렇게 마음과 행동을 어떻게 쓰느냐에 따라서 구성원에게 영향을 줍니다. 리더에게서 어떠한 영향을 받느냐에 따라서 촉진되거나 눈치 보거나 놀거나 떠납니다. 이런 말이 있습니다. '이끌거나 따르거나 떠나거나' 이 말은 구성원에게 하는 말이 아니라 리더에게 하는 말입니다. '이끌게 하거나(촉진), 따르게 하거나(재촉), 떠나게 하거나(놀거나 이직)' 모든 리더의 마음은 '이끌게 하거나'일 것입니다. 그렇다면 마음이 독하고 행동이 착한 리더가 되어야 합니다.

3.
일이 귀한가 사람이 귀한가?

조직이 하는 일이 아무리 귀하다고 하더라도 사람보다 귀할 수는 없습니다. 일이라는 것은 사람의 존재를 증명하기 위한 수단이지 목적일 수 없습니다. 사람은 목적 자체이며 일은 사람이 귀함을 드러내는 수단입니다. 그렇다면 수단인 일은 귀하지 않은 것인지 궁금해집니다.

보석은 귀합니다. 보석이 귀한 이유는 보석 스스로가 귀함을 드러내기 때문입니다. 보석이 반짝이지 않는다면 돌로 간주됩니다. 하지만 반짝이며 드러난다고 해서 반드시 귀해지는 것은 아닙니다. 그 드러냄을 사람이 인정할 때 귀해집니다. 어떤 사람은 보석을 귀하다고 인정하겠지만 또 어떤 사람에게는 귀하지 않을 수 있습니다. 보석을 귀하게 보는 사람은 보석을 귀하게 대합니다. 보석을 발견하고자 돌을 캡니다. 그리고 귀중품으로 따로 보관하고 귀하게 관리합니다. 이렇듯 귀하다는 것은 그 존재 자체로 귀할 것, 그 귀함을 스스로 드러낼 것, 드러냄을 사람이 인정하고 귀하게 대할 것, 이렇게 4가지라 할 수 있습니다.

사람은 자신을 스스로 드러내지 않더라도 존재 자체가 귀합니다. '그렇다면 보석과는 달리 스스로 애써서 드러낼 필요가 없을까요?' 사람의 귀함 역시도 타자로부터 인정되어야 합니다. 만약 타자의 인정이 없다면 사람의 귀함은 자신의 존재 안에서만 머무르게 됩니다. 귀하다는 것은 존재 그 자체이지만 누군가의 인정이 없다면 자신에게만 한정될 뿐입니다. 자신 스스로만 귀하다고 인정하는 것은 관계로 맺어진 사회에서 의미가 없습니다. 마치 반짝이는 보석이 딱딱한 돌 속에 갇혀진 것과 같습니다. 그러므로 보석이나 사람의 귀함은 존재 그 자체이지만 그것을 인정받기 위해서는 자신을 드러내어야 합니다. 사람이 자신의 귀함을 드러내는 방법 중 하나가 '일'입니다. 특히 조직에서는 더욱 그러합니다. 조직의 구성원은 귀한 존재들입니다. 하지만 귀함이 자기 자신 안에만 머물러서는 귀함이 드러나지 않습니다. '일'은 사람의 귀함을 드러나게 해줍니다. 일을 못한다고 귀함이 드러나지 않는 것은 아닙니다. 일에 대한 마음가짐(사명과 의미), 마주하는 태도(헌신, 열정이 들어나는 행동)에 의해 드러납니다. 또한 성과가 좋은 사람만이 귀한 것은 아닙니다. 성과는 귀함이 들어나는 '일'을 하면서 얻게 된 결과일 뿐입니다. 사람은 결과가 아닌, '일'을 마주하는 마음과 태도에 의해 그 귀함이 인정됩니다.

아이들의 성장으로 예를 들어 보겠습니다. 아이들은 귀합니다. 그 존재의 귀함은 아이들에게 주어진 부모와 사회의 기대에서 드러납니다. 기대만큼 성장이 더디다고 해서 귀하지 않은 것은 아닙니다. 기대 이상의 성장을 했다고 그 귀함이 더 귀해지는 것은 아닙니다. 삶을 마주하는 태도와 마음이 아이들의 귀함을 드러나게 해줍니다. 그렇게 아이들은 부모와 사회로 부터 귀함이 인정됩니다. 주어지는 '일'보다는 사람이 더 귀한 것이 맞습니다. 그러나 사람의 귀함은 그 '일'을 통해 인정되는 것이니 사람은 '일'을 귀하게 대해야 합니다. 사람이 귀하다는 것은 만고의 진리입니다. 하지만 근래, '일'을 귀하게 대하지 않고 존재만을 귀하게 대할 것을 요구하는 경우를 봅니다. '일'을 귀하게 대하지 않으면서 귀함의 인정을 요구하는 것은 돌 속에 갇힌 채 자신의 빛남을 알아달라고 하는 것과 같습니다. 물론 조직은 그 돌을 깰 수 있도록 두드려야 합니다. 구성원이 '일'의 의미를 발견하고 건강한 행동을 할 수 있도록 조직을 개선하여야 합니다. 구성원을 귀하게 대하는 조직이라면 말입니다.

사람은 귀합니다. 그리고 사명이 있는 조직 역시도 귀합니다. 조직은 '일'을 통해 구성원의 귀함을 발견하게 됩니다. 사람은 '일'을 통해 자신의 귀함이 드러납니다. 조직과 사람의 '관계'를 이어주는 것이 '일'입니다. 그러므로 자신의 귀함을 인정받고자 한다면 자신에게 주어진 '일'을 귀하게 대해야 합니다 만약 주어진 '일'을 가볍게 여기거나 '일'보다는 다른 것에 관심이 있다면 자신의 귀함은 인정될 수 없습니다. 그 존재 자체는 귀하겠으나 타자로부터 인정될 수 없습니다. 조직과 관계되는 '일'을 귀하게 대하지 않는다면 조직과 단절되기 때문입니다. 사람은 목적 자체이며 '일'은 사람이 귀함을 드러내는 수단입니다. 수단인 일을 귀하게 대하지 않는다면 존재의 목적이 드러날 수 없습니다. 그러므로 조직이 하는 '일'이 아무리 귀하더라도 사람보다 귀할 수는 없습니다. 다만, 사람의 귀함은 그 '일'을 통해 인정되니 사람은 '일'을 귀하게 대해야 합니다. 사람도 귀하고 조직도 귀하고 '일'도 귀합니다. 모두의 귀함이 인정되기에 서로를 귀하게 대합니다. 귀하기에 타자의 이야기를 묻고 듣고 반영합니다. 소통이 중요하다고 합니다. 귀하지 않은 대상과 말하고 듣고 싶은 사람은 없습니다. 소통이 중요한 이유도 조직과 구성원이 귀하기 때문입니다. 소통도 역시 '일'이라는 수단입니다. 소통이 귀한 것은 존재의 목적이 드러나는 수단이기 때문입니다. 그러므로 사람이 귀한 조직은 수단인 소통을 귀한 '일'로 대합니다. 조직을 귀하게 대하는 사람은 소통을 귀한 '일'로써 대합니다. 당신은 귀한 보석입니다. 당신의 빛나는 그 귀함은 '일'을 통해 드러납니다.

4. 사람은 변할까 변하지 않을까?

'사람은 변할까요? 변하지 않을까요?' 사람은 변한다는 입장은 이렇습니다. '어떠한 상황이나 조건이 바뀌면 사람은 변한다. 사람에게는 변화하고자 하는 내재적 힘이 있다.' 사람은 안 변한다는 입장은 이렇습니다. '본성과 기질이라는 것은 축적된 것임으로 바뀌지 않는다. 바뀐다고 하더라도 다시 원래 모습으로 돌아간다.' 사람의 변함에 대한 상반된 관점들입니다.

'그 사람 변했어!'라는 말은 중의적인 의미를 갖습니다. 좋지 않은 모습에서 기대한 방향으로 변화했다고 말한다면 긍정적입니다. 하지만 기대하지 않았던 방향으로 변했다면 부정적입니다. '그 사람은 변하지 않을 사람이야!'도 중의적 의미를 갖습니다. 사람이 변하지 않는 것을 꾸준한으로 해석되면 긍정적입니다. 하지만 좋지 않은 모습이 변하지 않는다면 부정적입니다. 이렇게 본다면 '사람이 변하는가? 변하지 않는가?'에 대한 의미는 그것을 판단하는 사람의 관점에 따라 다릅니다. 변화의 주체가 당사자가 아니라 타자라는 이야기입니다. 판단의 주체는 당사자이지 타자가 이렇다 저렇다 할 일이 아닙니다. 이는 타자에 의해 사람을 수단화한다고 볼 수 있습니다. 때문에 '변한다 또는 변하지 않는다'는 판단은 의미 없는 논쟁일 수 있습니다.

변함에 대한 논쟁은 의외로 간단할 수 있습니다. 변한다는 것은 물질로 보면 명확합니다. 외부적인 자극이 가해지면 물질은 변합니다. 에너지를 유지하지 못하면 변합니다. 변하지 않는 물질이란 없습니다. 물질은 변하는 것이 기본적인 속성입니다. 그러므로 '변하는가? 변하지 않는가?'에 대한 논쟁은 물질에게나 적합합니다. 하지만 사람은 변하는 물질이 아니므로 변화 여부를 판단하는 논쟁에서 다루어질 수 없습니다. 사람이 물질과는 다른 속성을 가졌다면 '사람의 성장이나 퇴보는 어떻게 설명할 수 있을까요?' 사람도 물질과 같이 외부에 의해 자극을 받습니다. 사람은 이 자극을 오감에 의해 의식합니다. 의식의 과정 안에서 인식이 일어납니다. 인식이란 자신의 상태를 '알아채'는 것입니다. 자신을 알게 된 사람은 그 상태를 인정 또는 불인정합니다. 인정과 불인정에 따라 지금보다는 나아져야 한다는 의지가 작용합니다. 그 의지는 사람을 앞으로 나아가게 합니다. 때문에, 사람은 자극에 의해 변하거나 변하지 않는 것이 아닙니다. 다만 진전할 뿐입니다. 잠시 멈추어 있거나 잠시 되돌아갈 뿐입니다.

'사람은 고쳐 쓰는 것이 아니다.'라는 말이 있습니다. 저는 여기에 동의합니다. 고쳐 쓸 수 있는 것은 물질입니다. 사람은 기계처럼 고쳐 쓰는 물질이 아닙니다. 사람은 고쳐 쓸 수도 없을 뿐만 아니라 고칠 수도 없는 인격적인 존재입니다. 사람의 진전을 위해서는 자신의 상태를 알아채야 합니다. 그 알아챔의 시작은 자극입니다. 자극은 외부의 힘입니다. 이 자극은 물질에게서 오는 것이 아니라 사람인 타지에게서 옵니다. 타자인 사람이 자신에게 자극이 되는 이유는 사람은 변화하는 물질이 아니라 진전하는 사람이기 때문입니다. 만약 사람을 변화하는 물질로 본다면 사람을 통해서 자신을 알아채지 못합니다. 변화하는 물질은 사람에게 자극을 주지 못하기 때문입니다. 자극이 없으니 진전하지도 못합니다. 기계라는 물질을 통해서 자신을 알아채지 못하고 자극을 받지 못하는 것과 같습니다. 사람을 사물이 아닌 인격적인 존재로 대우해야 하는 이유입니다.

만약 구성원이 변화하는 물질이라면 리더는 자극을 주지 못합니다. 리더도 구성원에게서 자극을 받지 못합니다. 사람은 변화하는 물질이 아니라 진전하는 인격적인 존재입니다. 그 진전으로 인해 주위의 환경을 변화시키고 물질을 변화시킵니다. 조직을 변화시킵니다. 조직이 변화하지 않는다면 서로가 자극되지 않는 것이며 이는 서로를 물질로 대하기 때문입니다. 만약, 사람을 변하는 물질로 대한다면 그 사람도 물질이 됩니다. 이제 그는 진전하지 않고 변합니다. 변하는 물질이 되었기 때문입니다. 하지만 사람을 진전하는 인격으로 본다면 그는 변하지 않는 인격으로서 세상과 마주하며 진전하게 됩니다. 그러므로 사람은 변하지 않지도, 변하지도 않습니다. 변한다는 것은 이전의 상태가 잘못되었다는 것입니다. 변한다는 것은 과거 또는 현재의 상태가 부정됩니다. 사람의 삶은 타자의 판단에 따라 부정되거나 긍정될 수 없습니다. 사람의 삶은 그 자체로 존중되고 인정되어야 합니다. 사람의 성장이란 것은 변화가 아니라 진전합니다. 앞으로 나아갑니다. 이전의 상태에서 앞으로 한 발을 내딛습니다. 그러나 사람이 끊임없이 진전할 수는 없습니다. 잠깐 멈추어 쉬어야 합니다. 쉬면서 관찰과 사색을 하는 것이지 변한 것이 아닙니다. 이전 상태로 되돌아 갈 수도 있습니다. 하지만 변한 것이 아닙니다. 이전의 상태에 대해 성찰과 모색을 하고 있을 뿐입니다. 진전을 하든, 사색을 하든, 모색을 하든 사람은 변한 것이 아닙니다. 끊임없이 점진적으로 나아가고 있습니다.

조직의 구성원을 평가합니다. 평가지표의 숫자가 변화했다고 해서 사람이 변했다고 할 수 없습니다. 일의 양과 실적은 물질의 변화를 측정했을 뿐입니다. 구성원은 조금씩 진전하며 살아가는 인격입니다. 사람은 변하는 물질이 아닌 고유한 존재입니다. 인격과 고유한 존재인 사람을 물질과 동일하게 변화한다고 할 수 없습니다. 그러므로 '사람은 변하는가? 변하지 않는가?'가 아니라 '어디로 어떻게 진전하는가?'로 바라보아야 합니다. 한편의 짧은 글을 소개합니다.

소나무

사람이 변하지 않으면 좋겠으나
제가 소나무가 아니라는 것이 아쉽습니다
소나무이기를 떠나서 그저 나무였으면 좋겠습니다
그러면 계절에 따라 변하긴 하더라도 어차피 나무는 나무가 아닐까 합니다

그런데 이것을 아시는지요
소나무도 솔잎을 무수히 벗어낸다는 것을,
끊임없이 버리기에 소나무가 변하는 것을 미처 볼 수 없을 뿐이라는 것을,

제 바람은, 저를 변했다고 하지 않기를 바랍니다
그저 버림이 더디어 변해 보일 뿐,
가진 푸르름이 없어 앙상하게 버틸 뿐,
전 그저, 잘 자라지 못한 안타까운 나무일 뿐입니다
말라 죽을지언정, 이것이 다 자란 크기일지언정,
나무는 나무인 것이니 변한 것은 아닙니다
그러함에도 소나무야, 소나무야,
언제나 푸른 변하지 않는 너, 네 빛이 정말이지 부럽구나

5.
먹튀를 어떻게 할 것인가?

조직의 인재 육성 이야기를 하다 보면 꼭 나오는 질문이 있습니다. '육성을 위해 투자를 하였는데 그 구성원이 퇴사해 버렸습니다. 어떻게 하면 좋을까요?' 이미 벌어진 결과이니 질문의 답은 '감수할 수밖에 없다'입니다. 퇴사한 직원에 대해 제재를 할 수 있는 실효적 방법은 없습니다. 물론 이러한 극단의 경우가 있습니다. '직원이 특출한 역량이 있다고 판단하여 해외 유학을 보냅니다. 조직에서 학비와 체류비를 지원합니다. 그리고 유학 기간에 어느 정도의 보수를 지급합니다. 그리고 계약의 조건으로 의무복무기간을 두는 것과 경업금지의무를 두었습니다.' 의무복무기간이란 모든 연수가 끝난 후 일정 기간 근무하는 것이고, 경업금지란 퇴사 후 경쟁업체에 입사하지 않는 것을 말합니다. 조직과 인재 사이의 제설된 계약, 또는 약정을 담은 몇 페이지의 문서만을 근거로 제재의 여부를 판단할 수 없습니다. '체류기간을 근로로 볼 수 있느냐'라 등의 여러 해석이 필요합니다. 경업금지의 경우에도 경쟁업체의 범위 등에 따라 해석을 달리할 수 있습니다. 이런 사례의 경우는 근로기준법 등의 법의 해석에 따라 달리할 수 있으므로 명쾌하게 정리될 사안이 아닙니다.

그럼 좀 더 현실적인 사례를 보겠습니다. '야간대학원에 진학하기 위해서 퇴근을 조금 일찍 허용해 줍니다. 학업이 힘들 것 같아서 업무를 조정해 줍니다. 대신 학업을 마친 후 일정 기간 근무할 것을 암묵적으로(또는 구두로) 약정합니다.' '이렇게 해서 학업을 마친 구성원이 바로 퇴사를 한다면 먹튀라고 할 수 있을까요? 제재를 가할 수 있을까요?' 이 역시도 사례에 따라 해석이 다르지만 제재할 수 있는 여지는 별로 없습니다. 또한 먹튀라고 할 수도 없습니다. 어찌 되었든 자기 나름대로는 부족한 근무시간을 어떤 식으로든 대체하려고 노력하였다고 할 것입니다. 그리고 학비를 대납해 준 것도 아닙니다. 또 이런 경우도 있습니다. '역량이 특출해 보여 조직에서 이러저러한 연수 등의 육성 프로그램을 집중해서 지원해 준 경우입니다.' 이 역시도 먹튀라고 할 수 없습니다. 본인도 근무시간에 연수를 간만큼 보충하려고 노력하였다고 하면 끝입니다. 사실 이런 문제들은 신의성실로 다루어질 사안입니다. 금전이 오고 가는 등의 경제적 유익을 취한 것이 아닌 만큼 제재할 여지가 없습니다. 신의성실은 '관계'에서 감수할 일이지 법과 규정으로 제재할 일이 아닙니다.

그렇다면 구성원의 육성을 위해 조직 차원의 지원을 지양해야 할까요? 신의성실을 위배한 사람은 이미 조직을 나갔습니다. 나간 구성원은 어떤 식으로든 유익을 취했습니다. 손해가 발생한 지점은 틀어진 신의성실의 관계에 있습니다. 먹튀로 인해 남은 직원들에게 조직의 지원을 회수하거나 축소하는 것은 신의성실에 대한 손해를 남은 구성원에게 전가하는 것입니다. 여기에 먹튀에 대해 '제재 또는 감수할 것이냐'의 중요한 쟁점이 있습니다. 먹튀는 퇴사하면서 관계가 끊어졌지만, 조직과 남은 구성원의 관계는 아직 유효한 상태입니다. 나가버린 직원과 조직 간의 신의성실에 대한 손해 때문에 남은 조직의 지원을 회수한다면 구성원은 조직에 대한 신의성실을 거둡니다. 왜냐하면 남아 있는 구성원은 신의성실을 충실히 지키고 있기 때문입니다. 신의성실을 충실히 지켰으나 먹튀의 신의성실 위반으로 조직의 지원을 멈춘다면 신의성실을 위반한 책임은 이제 조직이 되어 버립니다. 먹튀로 인해 남은 구성원을 제재하는 것은 적절하지 않습니다. 조직의 전사적인 신의성실을 무너뜨릴 수 있습니다. 구성원에 대한 조직의 투자는 말 그대로 모험입니다. 아시다시피 모험의 정도가 클수록 이익은 커집니다. 하지만 모험을 기피할수록 이익은 낮아집니다. 조직의 입장에서 '구성원에게 투자했다'는 의미는 그만큼의 모험을 감수한 것입니다. 하지만 투자가 성공적이지 않았다고 해서 투자를 회수한다면 기대할 수 있는 이익은 더 낮아집니다. 어찌 되었든 투자를 해야 이익이 있을 수 있습니다. 선택은 조직의 몫입니다.

먹튀라는 사람들의 결정적 과오는 조직의 신의성실을 훼손했다는 데 있습니다. 신의성실 훼손의 피해는 조직에만 국한되지 않습니다. 남은 구성원이 몸담고 있는 조직, 그리고 집단, 사회에까지 확장됩니다. 한 사람이 먹튀를 함으로써 거대 사회까지 신의성실이 무너져 버립니다. 때문에, 먹튀가 있을 수 있다는 것을 가정해서 조직의 지원을 회수하지 않았으면 합니다. 회수한다면 그것이 바로 먹튀의 신의성실 위반에 의한 결정적 손실입니다. 떠나간 사람은 떠난 사람일 뿐입니다. 그리고 우리가 만나는 수많은 사람 중 한 사람일 뿐입니다. 그 사람으로 인해 남은 사람들, 그리고 만나야 하는 사람들까지 피해를 보아서는 안 될 것입니다. 신의성실은 관계 속에서 지켜져야 합니다.

예전에 경춘선의 종착역이었던 청량리역에 가면 껌 파는 아주머니가 있었습니다. 그 아주머니에게 꽤 많은 껌을 산 적이 있습니다. 그 아주머니가 측은해 보였기 때문입니다. 그 껌을 사게 됨으로써 저에게는 껌을 씹는 유익과 타자를 도와주었다는 유익을 얻을 수 있었습니다. 다른 많은 분도 그런 유익으로 껌을 샀을 것입니다. 그런데 어느 날부터인가 이런 소문이 들려왔습니다. '껌 파는 아주머니는 실상은 부자이다. 강남에 아파트가 몇 채이다.' 그 뒤로 사람들은 그 아주머니의 껌을 꺼려했습니다. 신의성실이 무너져버렸기 때문입니다. 그런데 이 신의성실의 무너짐은 그 아주머니에만 머물지 않았습니다. '저 할머니의 차가 비싼 수입차이다. 아이들 도와줘봤자 왕초에게 간다' 기꺼이 자선을 베풀던 우리의 손길은 머뭇되었습니다. '어금니 아빠' 사건이 있었습니다. '새희망씨앗' 사건도 있었습니다. 선량한 기부자들의 선의를 아프게 했던 후원과 관련된 사건들입니다. 이러한 사건들로 인해 가난한 사람에게 향하는 선의가 의심으로 변질되었습니다. 그 사건들이 사회에 남긴 상처는 조직의 먹튀와 같습니다. 그들의 신의성실 위반은 선의의 후원자와 모금처에 손실을 끼쳤고 가난한 사람들은 의심의 대상이 되어 자신들의 가난을 증명해야 했습니다.

사회의 신의성실이 회복되어야 합니다. 먹튀에 대해 조직이 감수해야 하는 것처럼 사회의 누군가는 감수해야 합니다. 껌을 팔아서 자신의 부를 축적할지, 조직의 지원을 받고 난 후 나가버릴지 아무도 모릅니다. 그렇다고 해서 후원과 지원을 하지 않는다면 조직과 사회의 성장은 더딜 수밖에 없습니다. 우리가 후원한다는 것은 가난한 사람이 잘 살기를 바라기 때문입니다. 잘 사는 것에 대한 기준을 둘 필요는 없습니다. '나보다 잘살면 어떻습니까?' 후원에 대한 결정은 마음이 움직이면 하는 것입니다. 결과는 우리의 몫이 아니라 그들의 몫입니다. '먹튀로 퇴사해서 잘 되면 또 어떻습니까?' 그가 사회의 발전에 기여하면 좋은 일입니다. 조직은 지원을 하지만 성장의 결과는 그의 몫입니다. 협소하게 본다면 이익과 손해의 분기점에서 조직이 피해를 본 듯합니다. 껌을 산 후원자들이 속은 듯합니다. 하지만 역사라는 시간과 사회라는 거대한 관계에서 본다면 신의성실을 잃지 않고 지켜가는 사람들이 많을수록 사회의 유익은 더 커집니다. 증명해 보겠습니다. 저 역시 조직에서 몇 분의 먹튀를 보았습니다. 다른 조직에서도 보았습니다. 그러함에도 현장은 진전하고 있습니다. 언론보도에서 사기 등의 범죄자들의 소식을 접합니다. 그러함에도 이 사회는 진전하고 있습니다. 왜냐하면 신의성실로 충실히 일하는 더 많은 조직과 사회 구성원이 있기 때문입니다. 신의성실로 가난한 사람들과 손을 잡은 시민들이 다수이기 때문입니다. 먹튀와 사기꾼은 소수입니다. 그 소수에게 우리의 미래를 결정하게 할 수 없습니다. 신의성실은 제재하는 것이 아닙니다. 감수하고 믿고 지켜내는 사회적 가치에 관한 우리 다수의 선한 이야기입니다.

6. 속도인가 방향인가?

'속도보다는 방향'이라는 말이 있습니다. 서두르기보다는 제대로 된 방향으로 굳건하게 정진하자는 의미입니다. 방향은 곧 삶의 목적이기에 목적이 이끄는 삶을 살고자 하는 분들에게 참 좋은 문장입니다. 한편으로는 '방향보다는 속도'도 의미가 있습니다. 방향이 맞는지 확신할 수 없으니 또는 늦는 것이 실패일 수 있으니, 빠른 시간 안에 또는 완급을 조절하면서 달성하는 것이 유익하다는 의미입니다. 속도이든 방향이든 무엇을 우선순위로 둘 것인가는 사람이 처해진 상황이나 가치에 따라 다를 것이라 봅니다.

시대가 다변화되면서 다양한 삶의 목적들이 존재하게 되었습니다. 조직도 역시 다양한 목적을 가지게 되었습니다. 사람이나 조직이나 목적의 스펙트럼이 다양합니다. 다양해진 만큼이나 조직과 사람이 가진 목적이 일치하기에는 쉽지 않은 환경이 되어갑니다. 사람은 목적을 가지고 조직에 들어가 일을 합니다. 사람이 그 조직과 그 일을 선택한 이유는 조직이 맡긴 그 일로써 자신의 목적과 방향이 성취될 수 있을 것이라는 가정이 전제됩니다. 그런데 조직은 가끔씩 방향을 바꿉니다. 목적과 방향이 달라지면 사람은 혼란스러워집니다. 또는 사람의 목적과 방향도 달라지기도 합니다. 이 역시 사람을 혼란스러워지게 합니다. 조직과 사람 간에 목적과 방향이 달라지니 서로에게 불만이 쌓입니다. 변화에 대한 불만입니다. 자연스럽게 자신이 조직에서 맡은 일이 무가치해져 버립니다. 그런데 이런 의문이 듭니다. '조직의 방향과 목적이라는 것이 단 하나였을까요? 사람의 삶의 목적과 방향이 하나였을까요?' 단 하나라면 절대적인 것입니다. '그 방향과 목적이 맞는다는 그 절대성을 확신할 근거가 있을까요?' 이 확신은 추정을 근거로 합니다. 추정되는 근거는 절대적일 수 없습니다. 그렇다면 이런 가정이 성립됩니다. '목적과 방향은 하나가 아니다.' 때문에 목적과 방향이 바뀌는 것은 자연스러운 것입니다. 사람과 조직은 이 변화에 대해 서로를 인정해주어야 합니다. 그리고 변화로 인해 벌어진 조직과 사람과의 간극을 좁히는 작업이 필요합니다. 이 작업을 풀어내 보겠습니다.

목적에는 방향도 있지만 지향志向도 있습니다. '목적의 지향성'이라고 합니다. 예전에는 목적이라는 것이 단순하고 명확할 수 있었습니다. 삶의 방향을 정하고 저 방향으로 가기로 했다고 하면 그것이 어떤 삶인지 분간할 수 있었습니다. 그런데 지금은 삶의 방향이 다양합니다. 하나로 특정할 수 없습니다. 삶의 방향이 다양하니 그 다양함을 모아보면 어떠한 지향하는 바가 보입니다. 삶의 목적은 다양한 방향들이 집합된 지향성을 가지고 있기 때문입니다. 생각해보면 사람들은 오래전부터 목적의 지향성이 있었다고 봅니다. 예측할 수 없는 미래의 삶을 어느 하나의 목적으로 특정하여 살아간다는 것이 예나 지금이나 쉽지 않습니다. 어느 정도 목적에 도달했는데, 또는 가고 있었는데 그 방향이 틀렸다고 하면 낭패입니다. 그러면 비슷한 지향을 보이는 곳으로 이동하면 됩니다. 실제로 이런 사례는 많이 있습니다. 법률을 다루는 사람으로서 공명정대한 삶을 살겠다는 목적을 다짐한 어느 법조인이 판사가 되었다가 변호사가 되었습니다. 하는 일은 다르지만, 목적에서 벗어나지는 않았습니다. 판사나 변호사나 검사나 공명정대라는 목적의 지향성 안에 있기 때문입니다. 가난한 사람과 함께 하겠다는 복지관의 사회복지사가 어느 날 기업재단의 사회복지사가 되었다가, 어느 날은 기업의 CEO가 되었습니다. 복지관이나 기업재단이나 CEO나 가난한 사람과 함께 하겠다는 목적은 변하지 않았습니다. 그 지향성 안에서 하는 일이 달라진 것뿐입니다. 하는 일은 달라졌지만 같은 지향성 안에 있습니다.

이렇게 본다면 삶의 목적을 의미하는 방향이라는 것은 지향성 안에서 이해되어야 합니다. 방향이라는 것은 어느 하나를 특정한다는 협의의 개념으로 오해될 수 있습니다. 그러한 이유로 이전과는 다른 의견을 보이거나 하는 일이 달라진 사람을 변했다고 비난합니다. 이직을 하면 나쁜 사람이 됩니다. 표리부동이나 태세전환 등으로 매도합니다. 그 사람은 단지 지향성 안에서 새로운 일을 선택했을 뿐인데 말입니다. 이 모든 것이 삶의 목적과 방향을 절대적인 것으로 믿는 자기중심적 사고에서 기인합니다. 그렇다면 사고의 전환을 위해 '속도보다는 방향', '방향보다는 지향'이 어떨까요? 삶의 방향이나 속도보다는 삶의 목적을 이루고자 하는 '방향의 지향성' 말입니다.

이제 속도에 관한 이야기입니다. 흔히들 속도를 '수단'으로 이해합니다. 때문에 '방향보다는 속도'라는 말이 저급하게 느껴지기도 합니다. 아무래도 '수단보다는 목적'을 선호하는 인식이 지배적인 듯합니다. 하지만 속도는 수단을 의미하지 않습니다. 빠르고 느리다는 것이 수단일 수 없습니다. 속도의 의미는 목적을 이루기 위한 태도입니다. 그리고 태도는 행동으로 드러납니다. 삶의 방향과 지향을 이루고자 하는 사람들에게는 무엇보다 행동이 중요합니다. 행동의 은유적 표현이 속도입니다. 속도란 무조건 빨리 가는 행동이 아니라 건강한 행동이어야 합니다. 빨리 가더라도 올바른 행동으로 가야 합니다. 건강하지도 올바르지 않은 행동으로 삶의 목적을 달성하였을 때 그의 방향과 지향은 의미를 잃을 것입니다. 그런네 행동 역시 목적의 방향만큼이나 하나로 특정할 수 없습니다. 즉 행동은 그 특성상 매우 다양합니다. 여러 건강하고 올바른 다양한 행동들이 집합되어 삶이라는 방향의 지향성에 어울립니다. 그리고 그러한 행동들은 일정한 경향傾向을 보입니다. 이를 '행동의 경향성'이라고 합니다.

행동은 일의 영역에서 일어납니다. 일을 한다는 것은 목적을 이루기 위한 각자의 경향에 따른 행동입니다. 그러므로 목적을 이루기 위한 절대적인 행동이란 없습니다. 절대적인 행동이 있다고 믿는 사람은 자기중심적 사고를 가지고 있습니다. 일을 하면서 자신과 다른 행동을 하는 사람을 용납하지 않습니다. 자신과 비슷한 행동을 한다면 호의적이나 그렇지 않다면 무시하고 반대합니다. 하는 일을 기준으로 사람을 차별합니다. 조직에 위계가 만들어지고 직업에 귀천이 생기고 사람의 가치를 직업에 의해 판단하게 된 이유입니다. 절대적 행동을 요구하는 것이 아닌 행동의 경향성이 인정될 때 조직과 사람이 이루고자 하는 목적에 다다를 수 있습니다. 사람들에게는 일정한 경향성이 있습니다. 그 경향성이 표현되는 것이 바로 행동입니다. 행동이 건강하지 않다면 사람들의 눈에는 그가 건강하지 않은 경향을 가진 사람으로 보입니다. 건강하지 않은 경향을 보이니 사람들은 그를 피합니다. 도움을 꺼려합니다. 당연히 속도가 나지 않습니다. 아무리 혼자 열심히 해도 더딜 수밖에 없습니다. 그렇게 되면 삶의 방향, 지향에도 영향을 줍니다. 삶의 목적을 이루기 위해서 '행동의 경향성'이 중요한 이유입니다. 즉, 방향과 지향만큼이나 속도와 경향이 중요합니다. 삶의 여러 지향성은 행동의 여러 경향성에 의해 이루어집니다. 절대적인 방향과 속도가 아닌 다양성의 지향과 경향이 인정될 때 인격이 존중될 수 있습니다. 이렇게 본다면 속도보다는 방향, 방향보다는 속도라는 양자 선택의 가정은 불승인됩니다.

애초부터 방향과 속도는 대립과 비교의 대상이 아닌 균형과 보완의 대상입니다. 배타적 관계가 아닌 상호보완적 관계입니다. 삶은 '속도보다는 방향', '방향보다는 속도'가 아닌 '지향과 경향'으로 나아갑니다. 목적의 지향성을 실천하는 것이 행동의 경향성입니다. 행동의 경향성은 목적의 지향성을 이끌어줍니다. 즉 속도가 방향을 실천하는 것이고 방향이 속도를 이끌어줍니다. 양자 중에 어느 하나가 우위에 있지 않습니다. 불가분의 관계입니다. 그러나 속도보다는 방향, 방향보다는 속도라는 문장으로 이해한다면 경쟁의 관계로만 남게 됩니다. 삶은 목적의 지향과 행동의 경향으로 나아가야 합니다. 지향과 경향이라는 다양함이 어우러진 것이 '삶'입니다.

조직도 이와 같습니다. 조직은 '목적의 지향성'이 조직의 방향보다 중요합니다. 협의 개념의 특정된 방향보다는 광의 개념인 다양성의 지향이 조직의 목적이 되어야 합니다. 특히 다변화된 사회에서는 더욱 그렇습니다. 쉽게 이해하자면 우리는 고객 방향성이 아닌 고객지향성이란 말을 즐겨 씁니다. 고객의 욕구는 특정한 방향이 아닙니다. 욕구는 다양하기에 여러 지향점을 가지고 있습니다. 조직은 속도보다는 '행동의 경향성'이 중요합니다. 다양한 행동을 하는 구성원의 경향성이 인정될 때 조직은 건강해집니다. 건강한 행동은 몇 개로 특정할 수 없습니다. 요구하고 강요하고 차별할 수 없습니다. 여러 건강한 행동들이 요소요소에서 드러나는 경향성에 의해 다양성을 확보합니다. '우리만이 이 사회의 문제를 해결할 수 있어!', '우리야말로 전문가집단이야!' '우리 팀이 최고야!' 흔히 접하는 절대적인 구호들입니다. 물론 이 구호를 통해 집단의 응집력이 생기고 정체성이 확보될 수 있습니다. 의도는 좋습니다. 그러나 사회는 하나의 특정 집단에 의해 개선되지 않습니다. 오히려 그런 집단에 의해 사회가 퇴보하는 경험들을 역사는 기억하고 있습니다. 민족주의, 전문가주의, 종교갈등 등이 그러한 예입니다. 자기 집단의 방향과 속도를 중요시하고 다른 집단들의 지향과 경향을 인정하지 않으면 사회는 진전될 수 없습니다. 사람의 삶이 목적의 지향과 행동의 경향에 의해 고백되고 인정되는 사회가 되기를 바랍니다.

7.
조직에게 구성원을 성장시킬 의무가 있는가?

'조직은 학교가 아니다. 조직은 학교에서 성장한 사람이 일하는 곳이다. 그러므로 조직은 구성원 성장에 대한 의무가 없다. 아니다. 조직이 성장하기 위한 필수조건이 구성원의 성장이다. 그러므로 조직에게는 구성원을 성장시킬 의무가 있다.' 이 논쟁은 '의무'의 여부와 범위에 관련된 듯 보입니다. 의무란 마땅히 해야 할 일입니다. '구성원을 성장시키는 것이 조직이 마땅히 해야 할 일일까요?'

조직에 인재들이 들어옵니다. 하지만 조직이 원하는 인재인지에 대해서는 아직 알 수 없습니다. 조직이 추구하는 목적과 가치에 부합하는지에 대한 여부, 그리고 직무 능력이 어느 정도인가에 대한 여부라는 두 가지의 측면에서 좀 더 경험해 봐야 알 수 있습니다. 그런데 대개 경우 조직이 원하는 인재일 가능성이 높지 않습니다. 조직이 원하는 인재를 '100'이라 가정한다면 '80'정도 수준의 인재라면 매우 적합한 인재를 채용한 것입니다. 그런데 나머지 '20'이 아쉽습니다. 그 차이를 줄여야 하는 과업이 조직과 인재에게 주어집니다. 이런 모든 과정이 성장의 과정이라 볼 수 있습니다. 조직은 학교가 아닌 것이 맞습니다. 하지만 조직이 원하는 만큼의 인재가 아닐 수 있습니다. 그러면 성장시켜야 합니다.

그런데 이것이 의무일까요? 의무란 마땅히 해야 할 일입니다. '20'이 부족하지만 뭐 그런대로 괜찮다고 인정할 수 있습니다. 이런 입장이라면 굳이 성장시킬 의무가 없습니다. 또는 부족한 '20'을 채우는 것을 인재에게 요구할 수 있습니다. 이런 입장이라면 성장의 의무는 인재에게 주어집니다. 조직이 성장하기 위해서는 구성원이 성장하는 것이 필수조건인 것은 맞습니다. 그러나 '80'의 수준이 성장한 것이라고 판단한다면 필수적으로 구성원을 성장시킬 의무는 없습니다. 결론을 내리자면 여러 사례를 고려하여 볼 때 성장의 의무가 조직에게 있는지에 대한 여부는 확정적으로 단정할 수 없습니다. 그러므로 사례와 상황에 따라 결정이 달라지는 것을 의무라고 할 수 없습니다. 자, 그럼 '의무'의 여부와 범주에 대한 논쟁은 정리되었다고 가정합시다. 의무에서 벗어났다고 해서 이 논쟁이 종결되지 않습니다. 성장이 부족한 것은 부족한 대로 놔두더라도 일을 해야 합니다. 인재에게 성장의 의무를 부여한다고 하더라도 일을 해야 합니다. 결국 우리가 구성원의 성장 의무에 대해 고민하는 것은 '성장'이 목적이 아니라 '일'을 잘하기 위함입니다. '일'을 잘 하기 위해서는 조직이 개입해야 합니다. 조직이 개입하는 이유는 구성원의 성장이 아니라 좀 더 일을 잘하기 위해서입니다.

구성원이 일을 잘 할 수 있도록 조직이 개입하는 방법은 두 가지입니다. 하나는 재촉이고 또 하나는 촉진입니다. 일을 잘하라고 재촉하는 도구는 평가와 인센티브입니다. 메커니즘은 강요나 위협, 통제일 수도 있습니다. 이러한 도구와 메커니즘을 사용하는 이유는 '80'을 유지하거나 그 이상을 올리기 위함입니다. 일정 수준을 유지하는 것을 성장이라 할 수 없습니다. 수준이 상향되었다고 해서 성장이라고 할 수 없습니다. 도구와 메커니즘이 멈추면 하향되기 때문입니다. 즉 외부의 자극에 의해 일정 수준을 유지하거나 잠시 상향되었을 뿐 자극이 제거되면 수준은 이전으로 복귀됩니다. 즉 재촉은 성장이 아닙니다. 일을 잘하라고 하는 촉진의 도구는 조건을 만들어주는 것입니다. 경험할 수 있는 기회를 주는 것입니다. 경험된 바를 공유할 수 있게 하는 것입니다. 무엇보다도 이 모든 과정을 스스로 선택하고 결정할 수 있게 해주는 것입니다. 문제의식에서 시작하여 반성적 사고, 그리고 구성원의 경험과 정보를 공유하며 협의와 합의를 통해 결정합니다. 이를 '학습'이라고 합니다. 즉 촉진이란 자율이며 학습할 수 있는 조건을 만들어주는 것입니다. 그에 대한 결과는 성장이 아니라 '일'을 잘하게 되는 것입니다. 그리고 그 과정에서 성장이 일어납니다. 학습의 조건이 계속 충족될 때 성장도 역시 지속됩니다. 하지만 이 조건이 제거되면 성장은 멈춥니다. 하지만 하향되지 않고 그 수준을 유지합니다. 스스로 학습된 성장이기 때문입니다.

성장을 의무로 본다면 촉진이 아니라 재촉할 것입니다. 성장이 의무라면 의무를 다하기 위해 투자를 할 것이고 투자의 효율을 확인하기 위해 평가할 것입니다. 구성원도 성장이 의무임으로 성장 자체가 과중한 과업이 될 것입니다. 그러므로 구성원의 성장이 의무가 되는 것은 조직과 구성원의 입장에서 유익하지 않습니다. 조직에게 주어진 의무는 구성원의 성장이 아니라 일을 잘 할 수 있는 조건을 만들어주는 촉진입니다. 촉진하는 조건을 만들어주는 것이 의무가 되는 것은 사람은 재촉이 아니라 촉진되었을 때 학습하기 때문입니다. 이것이 '조직이 성장하기 위한 필수조건이 구성원의 성장이다.'를 보완합니다. 조직이 성장하기 위해서는 구성원의 성장이 필요하며 구성원의 성장은 필수 조건을 필요로 합니다. 여기에서 필수조건이란 촉진입니다.

리더는 싫든 좋든 구성원의 성장에 영향을 주는 위치에 있습니다. '성장이 의무인가? 아닌가?'에 대한 질문은 중요하지 않습니다. 리더는 영향력에 의해 구성원의 성장에 영향을 줍니다. 영향을 주는 경로는 두 가지입니다. 하나는 '재촉'이고 또 하나는 '촉진'입니다. 재촉은 결과주의적입니다. 효과가 즉각적입니다. 그러나 재촉하게 되면 지속적인 관리와 통제로써 자극을 주어야 합니다. 끌고 가야 하는 리더가 힘듭니다. 이 자극이 제거되면 이전의 결과를 얻을 수 없습니다. 촉진은 과정주의적입니다. 효과는 늦습니다. 끌고 가야 하는 리더가 힘듭니다. 그러나 촉진은 관리기능보다는 자율에 의해 이루어집니다. 학습은 재촉보다는 촉진에서 일어납니다. 학습은 곧 성장입니다. 재촉 또는 촉진 중에서 어느 것을 선택할 것인가는 리더의 몫입니다. 리더가 촉진이든 재촉이든 무엇을 선택하든 힘든 것은 똑같습니다. '당신은 어느 것을 선택하실 건가요?' 이 책이 당신의 답변에 도움이 되길 바랍니다.

마치며

헤겔의 조직

저의 책 『당신의 조직은 정의로운가』에서는 조직의 정의를 자유와 평등으로 설명하였습니다. 제가 그려냈던 가상의 이상적 조직인 '롤즈John Rawls의 조직'은 구성원의 협의와 합의로 공통의 가치와 규범을 만듭니다. 이때 구성원은 '무지의 베일' 속으로 기꺼이 들어갑니다. 구성원의 선한 의지는 공동체를 향해 있기 때문입니다. 그리고 선의에 의한 계약을 맺습니다. 그 계약 안에서 자유롭고 평등합니다. 롤즈의 조직은 공동체적 자유주의였습니다. 구성원에게 자유를 인정하는 것은 개인주의적 자유주의가 아닌 공동의 선, 공동체를 위함입니다. 인정하고 인정되는 헤겔의 '인정조직'도 공동체적 자유주의를 지향합니다. 주인과 노예의 변증법에서 노예가 주인으로서 각성되는 이유는 억압에 대한 반정립으로서 자유의 갈구를 인식했기 때문입니다. 그 자유에 의해 독자적인 자아를 발견하고 주인이 됩니다. 주인이 된 이유는 주인만의 자유를 위해서가 아닌, 내가 아닌 우리, 공동체를 위해서입니다. 롤즈의 평등주의적 '자유주의', 제가 논했던 가상의 롤즈의 조직의 공동체적 '자유주의', 헤겔의 인정조직에서의 공동체를 위한 '자유'와 악셀 호네트의 '사회적 자유'나 모두가 같은 지향점입니다. 물론 헤겔의 목적론적 세계관과 롤즈의 자유주의는 대립적입니다. 그러나 이 대립은 종합을 이루는 데 유익한 것으로써 모순의 격렬한 투쟁에 의해 인정조직에 차용될 수 있으리라 봅니다. 악셀 호네트는 이를 목적론적 자유주의(『분배냐 인정이냐』, 273쪽)라고 정의하기도 합니다, 또한 롤즈의 원초적 입장과 헤겔의 자아의식은 다르지 않습니다. 롤즈의 무지의 베일에서 얻어지는 자유와 헤겔의 주인과 노예의 투쟁에서 얻어지는 자유도 같습니다. 목적론이든 자유론이든, 자유에 의해 공동의 선을 향하고 있습니다. 단 어떠한 자유인가에 대한 답은 아직 종합되지 않았을 뿐입니다. 변증법이 두 개의 논리가 대화하는 것이 듯이 롤즈와 헤겔의 자유는 대화로 새로운 종합을 이룰 수 있을 것입니다.

우리의 자유는 오해되어 왔습니다. 악셀 호네트의 사회적 자유를 빌리자면 초기 산업주의와 자본주의의 최대 가치는 '자유'였습니다. 이 자유의 정신은 프랑스 대혁명으로부터 출발하였습니다. 그러나 중요한 세 가지의 가치 중에서 자유만 강조되고 평등과 우애는 사장死藏되고 말았습니다. 혁명을 통해 획득된 이 자유가 공동체적 평등과 우애가 없는 개인주의적 자유가 되어 버립니다. 혁명은 일어났으나 자유와 평등, 우애의 가치는 모호한 개념으로 남았을 뿐 규범화되지 못했습니다. 이는 자본주의의 발달과 연관이 있습니다. 자본주의는 자유로 대변됩니다. 그러나 사물을 소유한 자본가의 자유만 인정되었을 뿐 노동자의 자유는 자본의 자유를 위해 희생되고 말았습니다. 시장의 '보이지 않는 손an invisible hand'은 인정되지만, 사람들의 '보이지 않는 의지an invisible will'는 인정되지 않습니다. 시장의 자유는 허용하지만, 조직에서 노동하는 사람의 자유는 허용되지 않았습니다. 사회는 자유주의적 평등이 되어버렸고 롤즈는 '최소수혜자最少受惠者의 원칙'을 통해 평등주의적 자유주의를 역설하게 된 것입니다. 헤겔 역시도 주인과 노예의 변증법을 통해 이 자유라는 것이 특정한 사람이나 집단에서 소유하는 자유가 아닌 대립과 모순을 각성한 모든 사람의 자유임을 주장합니다. 롤즈의 정의나 헤겔과 호네트의 인정투쟁은 인식적 사고의 틀을 확장함으로써 보다 나은 사회, 공동의 선을 제시합니다. 인정조직도 그러합니다. 사람을 인정하고 인정됨은 자유에 있습니다. 그 자유는 조직이라는 공동체의 공동선을 지향하여 모든 구성원이 주인의 주인이 되는 조직을 제시합니다.

문제는 우리 조직이 자본주의 사회에 기반하고 있다는 것입니다. 자본주의의 최대 가치는 이익과 효율입니다. 인정조직이 자본주의 사회에서 움트기 위해 해결할 것이 사익과 공익이라는 정반합의 투쟁입니다. 조직은 공공의 이익을 목적으로 합니다. 조직의 이익은 전체 사회의 공공선을 위한 것입니다. 그렇다고 사익을 무익한 것으로 치부할 수 없습니다. 개인적인 이익이 노동의 동기가 되는 것은 무성해서는 안 되고 인정되어야 합니다. 공동체를 위한 공익과 개인의 사익의 추구라는 이익이 사회와 개인에게 공정하게 분배될 때 조직의 존재가 사회로부터 인정됩니다. 그러나 개인주의적 자유주의에 의해 조직을 사적 주체로 간주하였고 조직의 목적이 더 나은 사회라는 공익이 아닌 생존과 수익이라는 사익이 되어버렸습니다. 조직의 목적이 사익으로 치우치니 사람들의 노동이 사익을 위한 수단이 됩니다. 사회와 개인 간의 분배격차가 커지면서 조직의 의미는 퇴색되어 갑니다. 사명을 추구하며 진전하던 노동이 이제는 여가를 위한 수단이 되었습니다. 조직의 사익 추구로 사람의 노동이 소비되니 구성원은 객체가 되어 갑니다. 이렇듯 공익은 사라지고 사익만이 가치가 되어 버려 일의 의미가 사라지고 두려운 조직이 됩니다. 이 두려움으로 사람은 조직의 주체로서 주인이 되지 못하고 객체인 노예로서 살아가게 되니 거룩함을 찾지 못합니다.

공의公義 right와 천직vocation이라는 말이 있습니다. 공의란, 신이 사람의 삶을 규정한, 사람에게 새겨진 의로운 법입니다. 사람으로서 마땅히 해야 할 '공동선common good', '사람에 대한 이로움(인간애)'을 의미합니다. 직업을 의미하는 단어 중 천직이란 소명, 사명, 거룩한 부르심과 선택을 의미합니다. 신이 사람에게 새겨준 법이 공의이듯이, 공의를 따르는 사람들은 직업의 의미를 생계를 위해 먹고 사는 것 이상의 '천직'으로 이해합니다. 공의는 사익을 넘어설 뿐만 아니라 공익 또한 넘어선 개념입니다. 또한 공의는 이익만을 추구하지 않습니다. 공의의 지향점은 이익보다는 '공동선과 인간애'라는 거룩함을 따르기 때문입니다. 그러므로 천직이란, 이익이 아닌 공의를 따르는 사람들의 직업입니다. 천직과 사명은 맞닿아 있습니다. 천직으로 일한다면 사명을 이루는 길에 있는 것이고, 사명을 이루기 위해서는 천직을 다하여야 합니다. 사람이 사명을 이루기 위해 천직으로 일한다면 사익과 공익이 아닌 공의를 실현하는 것입니다. 공의는 나에게도 좋고 이로운 것일 뿐만 아니라 타인에게도, 공동체에게도 좋고 이로운 것입니다.

사익과 공익은 정반합의 투쟁입니다. 조직과 사람은 인정받기 위해 사업을 영위하고 노동을 합니다. 그 인정의 대가는 이익입니다. 그런데 그 이익이 공익인지 사익인지가 불분명한 사회가 되었습니다. 이제 사익과 공익 간의 갈등이 아닌 공의로서 종합을 이룰 때입니다. 우리가 일하는 목적은 '공동선'과 '사랑'이라는 종합이어야 합니다. 조직의 이익을 정의할 수 없는 사익과 공익 사이에 놓아둔다면 주인은 주인으로 남고 노예는 노예로만 남게 됩니다. 이익을 분배하는 데 있어 사익과 공익이 불분명함으로 주인의 결정에 따를 수밖에 없기 때문입니다. 주인이 공익이라 하면 공익인 것이고 사익이라 하면 사익이 됩니다. 주인은 공익이라 하며 자신의 사익을 취할 것입니다. 노예의 몫은 사익이라고 하며 공익의 몫으로 돌릴 것입니다. 자유를 얻은 노예도 주인이 되어 그렇게 사익과 공익으로 분배할 것입니다. 사익과 공익이 정반합의 투쟁이 아니라면 만인의 전쟁이 됩니다. 목적을 실현하는 주체로 타자를 인정하지 않고 사익을 교환하는 수단으로만 이해합니다. 더 많은 사익을 얻어내기 위해 타자의 자유를 제한합니다. 자아를 주체로서 인정하지 않고 이익의 분배에 대한 갈등의 대상으로 간주해 버립니다.

이 갈등이 인정투쟁으로 전환하기 위해서는 조직과 노동을 공의로 바라보아야 합니다. 우리가 일을 하는 목적, 조직의 존재 이유가 납득되어야 이 만인의 전쟁이 끝날 것이며 마침내 공동선을 위한 주인과 노예의 끊임없는 인정투쟁이 시작될 수 있습니다. 조직에서의 인정투쟁 중에는 항상 사익과 공익의 전쟁을 마주하게 될 수밖에 없습니다. 인정투쟁은 사익과 공익의 전쟁 사이에서 답을 내지 못하고 멈춰 서기가 일수입니다. 여기서 멈춰 서지 않고 나아갈 수 있다면 우리는 공동선을 향해 진전할 수 있습니다. 공의에 의해 타자와의 관계는 경쟁의 교환관계가 아닌 순환관계의 주체로 인정됩니다. 자아와 타자 간의 이러한 인정으로 모두가 주인의 주인이 됩니다. 주인이 된 주체는 사익을 위해 타자를 제한하지 않고 공동선을 위해 스스로의 자유를 절제합니다. 자유는 개별적 존재인 사람들이 상호작용과 상호수용으로 상호인정되는 공동체에서 실현됩니다. 이제 사람은 자유를 제한받는 노예에서 스스로의 자유를 절제하는 주인이 됩니다. 하나의 동일한 목적으로 일하고 있으니 서로가 호응합니다. 사람들은 마침내 개인적 존재에서 사회적 존재로 전환됩니다. 서로를 인정하고 인정되며 공동체를 지향하는 사회적 존재는 자유주의적 자유에서 공동체적 자유로 전환됩니다. 드디어 자유뿐만이 아니라 평등과 우애도 서로 호응합니다.

물론 조직의 갈등, 자신과 타자와의 갈등은 없을 수 없습니다. 하지만 이 갈등은 조직의 목적을 위한 갈등이고 자아를 인식하기 위한 인정투쟁이니 유익합니다. 타자의 인정을 통해 자기의식을 마주하고 자신을 스

관리와 관료의 투쟁의 진일보

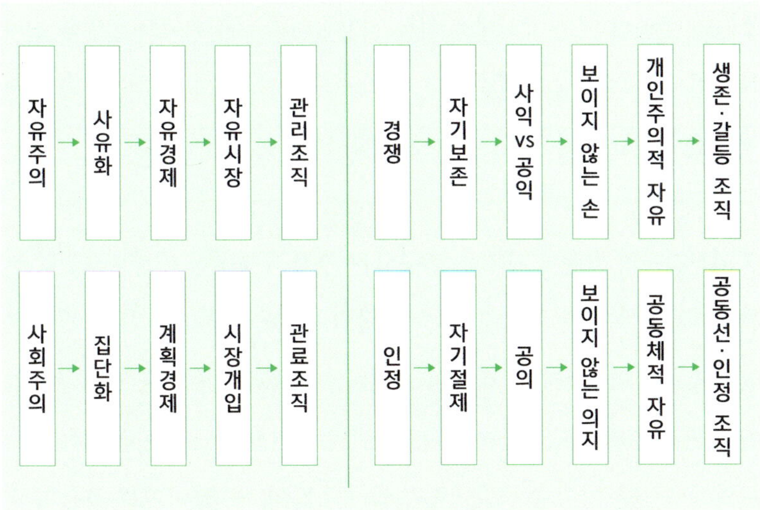

(『자유주의와 사회주의』, 45쪽 참조)

스로 인정하고 타자로부터 인정되는 투쟁입니다. 그러나 인정은 그냥 주어지는 것이 아닌 삶을 건 투쟁을 본질로 합니다. 그렇다고 억압하고 사멸시키는 만인의 전쟁이 아닌 자신을 진정한 존재로 다시 태어나게 하는 생명의 투쟁입니다. 명예와 생명을 내놓고 하는 인정투쟁에는 '보이지 않는 의지'에 의해 모든 구성원의 자기절제가 이루어집니다. 공동의 선을 목적으로 함으로 스스로의 자유를 절제하는 것에 동의합니다. 그들은 자유를 지켜내기 위해 규범적 행위를 협의하는 것에 참여하며 조직의 가치와 규범을 서로 합의합니다. 마침내 자유와 평등, 우애의 규범화가 조직에서 시작됩니다. 조직에서 일어나는 이러한 일련의 과정들이 자아를 인식하는 기회가 되며, 서로를 있는 그대로의 인격적 존재로서 인정하는 조직이 됩니다. 인정하고 인정되는 조직, 사람이 사람답게 일하는 조직, 주인의 주인이 되는 조직이 되기를 희망합니다. 지금까지의 설명을 정리하자면 앞쪽의 그림과 같습니다. 관리조직과 관료조직에서 경쟁과 인정에 의해 갈등조직과 인정조직으로 변화되어가는 모습입니다.

시장경제의 효율과 사익을 추구하는 경쟁 구도에서 인정조직으로 전환되어야 하는 이유는 그곳에서 일하는 사람이 사회의 구성원이기 때문입니다. 조직의 구성원과 사회의 구성원은 다르지 않습니다. 같은 존재임에도 불구하고 조직과 사회는 다르다는 인식이 있습니다. 이런 이유로 사회의 구성원은 자유와 평등이 인정되나 조직의 구성원에게는 자유와 평등이 불인정됩니다. 인정조직은 공동체적 자유를 인정합니다. 이 자유는 평등과 우애와 호응합니다. 모두 동일한 자유로운 존재로 인정됨으로 평등이고 서로에게 상호작용하고 상호수용하니 우애입니다. 조직에서 자유와 평등과 우애가 실현될 수 있다면 사회의 자유와 평등, 우애도 역시 실현될 수 있습니다. 사회에서의 자유와 평등, 우애가 더딘 것은 현대사회의 사람들이 대부분의 시간을 보내는 조직이 자유롭지 않고 억압받으며, 평등하지 않고 격차가 있으며 우애가 아닌 경쟁을 가치로 하기 때문입니다. 자유와 평등, 우애라는 인류의 최대 가치가 조직과 사회라는 장소에 따라 정립과 반정립으로 투쟁을 하고 있습니다. 우리가 원하는 사람 중심의 사회, 인격적 존재로서 차별받지 않고 사람다운 대우를 받는 사회가 되기 위해서는 조직의 자유와 평등, 우애가 실현되어야 합니다. 이것이 조직민주주의이며 그곳에서 자유와 평등, 우애를 경험한 구성원은 사회에 나와 자유와 평등, 우애를 실현할 것입니다. 이것이 인정조직의 궁극적인 목적인 '사회역량'이라 하겠습니다. 사회역량은 스스로 인정받기 곤란한 사람들, 사회적 약자들이 인정될 수 있도록 함께 외쳐주는 것입니다. 이 사회역량은 헤겔의 인륜성Sittlichkeit처럼 자기의식이 가족에서 시민사회로, 시민사회의 공동체는 국가로 확장되는 것과 같습니다. 우리는 소비의 주체에서 사회의 주체로, 생산을 위해 수단화된 노동자에서 사명을 위한 목적이 된 주체적 시민으로 인식되고 인정되어야 합니다. 자유와 권리는 개인에서 공동체로 범위를 넓혀 마침내 개인과 조직의 인정투쟁은 사회의 공동선을 위한 사회의 인정투쟁으로 확장되어야 합니다. 그것이 사람의 존엄이 실현되는 인권이며 자유와 평등의 분배적 정의입니다.

자유와 평등, 우애의 인정조직은 누구나 바라는바 일터입니다, 모두가 인정받고 인정하는 사회 역시도 우리가 바라는 공동체입니다. 이 책으로써 한 걸음 내딛는 기회가 되기를 바라며, 글이 나오는 데에 함께 해 주신 서울복지재단의 '공유위시 플랫폼 WISH'와 한국출판문화산업진흥원에 감사드립니다. 참 고맙습니다.

봄내 춘천에서

저자 독백

고등학교를 졸업하고 10년 동안 건설 현장에서 일용직으로 철근과 콘크리트 타설 노동을 했습니다. 비정규직이며 자격증도 없는 노동이었지만 노동의 의미를 체험한 귀 한 시간이었습니다.

사회복지는 서른 살이 되어서야 장애인거주시설에 입사하면서 시작되었습니다. 그것이 사회복지와의 첫사랑이었습니다. 좀 더 세련되게 사랑하고 싶어 야간대학에서 사회복지 공부를 시작했습니다. 자격증 취득이 목표였지만, 훗날 학부 편입 등록금을 대주신 교수님과, 공부할 시간을 배려해주신 리더와 동료 덕분에 대학원까지 졸업할 수 있었습니다.

사회복지 공부는 너무나 재미있었습니다. 인간 존엄과 배분적 정의라는 사회복지의 가치가 매력적이었고, 그저 제가 있어 주는 것만으로도 좋아하시는 장애인과 노인분 들의 지지가 힘이 되었습니다. 그러나 현장은 녹록하지 않았습니다. 노인요양원 대표 가 되기까지 6번의 이직이 있었고 그중 4번은 비자발적이었습니다. 불합리한 관행과 업무지시 등에 저항하였고 이것이 옳고 그름의 문제, 정의와 불의의 문제라고 보았습니다. 지금은 권력이 소수에게 집중된 지배구조의 문제이며, 조직민주주의가 문제의 대안이라고 봅니다.

현재 일하고 있는 요양원에서 민주주의 조직문화를 일구고 있습니다. 조직민주주의는 리더 혼자 그리는 이상세계가 아닙니다. 조직민주주의는 구성원이 주인의식을 갖게 하는 것이며 구성원이 주체가 되어 일의 의미를 발견하는 것입니다. 방법을 누가 알려준 사람도 없고 그저 알음알음 찾아가는 과정이기에 더디기는 하지만 저는 이런 과정이 즐겁습니다. 행복합니다.

조직민주주의를 실천하는 바를, 학습한 바를 나누기 위해 글을 쓰고 있습니다. 이 글들이 억압적 지배구조, 노사갈등, 동료 간 불화로 마음 아파하는 동료들에게 힘이 되었으면 합니다. 좀 더 건강한 조직, 행복한 직장을 위해 애쓰는 도전과 변화에 도움이 되기를 희망합니다. 많은 이들이 조직에서 행복하기를 바랍니다. 그 행복 속에서 일의 의미를 발견하고 자기를 실현하였으면 합니다. 마침내는 인간의 존엄과 배분적 정의를 실천하는 현장! 서로의 인정으로 신뢰를 이루는 사회!, 제가 바라는 미래의 모습입니다.

인정하고 인정되는 조직경영

인정조직

저자 · 승근배

발행인 · 이명묵
디자인 · 홍동구

발행일 · 2023. 9. 19.
발행처 · 도서출판 인간과복지
신 고 · 제 2019-000007호
주 소 · 경기도 파주시 회동길 145
아시아출판문화센터 301호
전 화 · 02-383-0743
팩 스 · 02-382-3486
이메일 · hwbook22@daum.net
카 페 · https://cafe.daum.net/hwbook1

값 · 15,000원

ISBN 978-89-8007-227-9 93320

* 이 도서는 한국출판문화산업진흥원의 '2023년 우수출판콘텐츠 제작 지원' 사업 선정작입니다.